ちくま文庫

古本で見る昭和の生活

ご家庭にあった本

岡崎武志

筑摩書房

目次

はじまり、はじまり　13

大人の男はどこに消えた

和製英語の王者
前田一『サラリマン物語』東洋経済新報出版部　昭和三年　16

大正十二年創刊の総合誌のバカ話
「文藝春秋」昭和十年七月号　21

男のユーモア・ダイエット小説
アンリー・ベロー／高橋邦太郎訳『肥満漢《デブ》の嘆き』四六書院　昭和六年　27

サラリーマン一芸
若山均『宴会・招接待のすべて』池田書店　昭和三十一年　31

都会のロビンソンクルーソーたち
林光一『ルンペン学入門　放浪の詩』ペップ出版　昭和五十一年　37

大人による大人のための漫画雑誌
「文藝春秋　漫画讀本」一九六六年十月号　41

大人の消滅
一九七〇年版「新潮文庫解説目録」　46

憧れの大東京

昭和交響曲第一楽章の始まり
東京市役所・萬朝報社共編『十一時五十八分』萬朝報社出版部　大正十三年　52
東京を書く、描く
木村荘八『南縁随筆』河出市民文庫　昭和二十六年　56
日米ドリームの男
青木湯之助『東京で儲けた私』学風書院　昭和三十二年　62
東京観光の花形
「東京遊覧　はとバス」新日本観光　昭和二十九年　66
あこがれのアパート生活
小崎政房・はりま弘介「アパートちゃん」　昭和三十二年　70
女たちのひとり暮らし
戸川昌子『猟人日記』講談社　昭和三十八年　75
昭和三十年代の東京
池田彌三郎『東京の12章』淡交新社　昭和三十八年　80
歌謡曲に歌われた「東京」
「平凡」「明星」の歌本　85

旅と娯楽

大正時代の日帰り旅
森暁紅『一寸した旅』博文館　大正十年　92
日本風ゴルフ
上原敬二『ベビー・ゴルフ』春陽堂　昭和五年　98
ハイキングこそ最高の楽しみ
松川二郎『日がへりの行楽』金正堂　昭和十一年　103
あなたの歩き方はまちがっている？
伏島孔次編『正しい安全な歩き方』交通協会　昭和十年　107
縄跳びの本に隠れたもう一つの顔
平岩勇一『遊戯競技マスゲーム　新しい縄とび百種』啓文社　昭和十二年　112
レコードにもなった早慶戦
和田信賢『放送ばなし　アナウンサア10年』青山商店出版部　昭和二十一年　116
もう一つの文化
玉置真吉『マンボの踊り方』楽友社　昭和三十年　120
めずらしかった女性ドライバー
「ｆｏｒ Ｌａｄｙ」第九号　ブリヂストンタイヤ　昭和四十五年　126

ぼくだけの旅のバイブル
『21世紀版　全国古本屋地図』日本古書通信社　平成十三年　130

科学とリクツ

結核と日本文学
正木不如丘『療養三百六十五日』実業之日本社　昭和十一年　136
電気のふしぎ
竹内時男『こども電気学』小学館　昭和十五年　141
焼失した天文館
鈴木敬信「星と宇宙とプラネタリウム解説」東日天文館　昭和十三年　148
バラ色だった科学の未来
朝日新聞社編『お茶の間科学事典』朝日新聞社　昭和四十一年　156
才媛による良質な科学入門
楠田枝里子『楠田枝里子の気分はサイエンス』毎日新聞社　昭和五十九年　160

暮らしの片すみ

戦前昭和は「帽子の時代」
「昭和貳年度春夏物　帽子カタログ」江指商店帽子部　昭和二年　166

鉄道会社はえらかった
山本留治郎『車内サービス研究』オーム社　昭和九年　170
懐を温めて八十年
「懐春」矢満登商会　昭和十年　174
キツネに化かされなくなった人間たち
小林秀雄『考えるヒント』文藝春秋新社　昭和三十九年　178
翼よ、あれが巴里院だ
『美容院と理髪店 第2』彰国社　昭和四十五年　182
仕草で魅せる
『ホーム・ライフ 第二巻 エチケット』講談社　昭和三十七年　187

時代をうつす本

ヅカガールの見た欧米
小夜福子『おひたち記』宝塚少女歌劇団　昭和十五年　194
個人所蔵のいろいろ
紙類一式 一九四二年を中心に　200
女たちの戦争
桜田常久『従軍タイピスト』春陽堂文庫　昭和十九年　208

ボート遭難事件の運命と真実
宮内寒彌『七里ヶ浜』新潮社　昭和五十三年　215
タイトルで買う
浜野修『酒・煙草・革命・接吻・賭博』出版東京　昭和二十七年　220
消える流行語
「面白くてすぐ役立つ新語の泉」(「面白倶楽部」別冊)光文社　昭和二十三年　226
遠いアメリカを描いたマンガ
チック・ヤング『ブロンディ第2集』朝日新聞社　昭和二十二年　233
遠いアメリカ
『ジャック&ベティ』開隆堂　昭和二十八年　237
サガンよこんにちは
サガン『一年ののち』新潮社　昭和三十三年　244
原弘とサルトル
『世界文学全集　第46巻　サルトル/アラゴン』河出書房新社　昭和三十七年　249
昭和三十年代を知る宝庫
岩波写真文庫『軽井沢』昭和三十三年　254

ぼくの時代

夢の超特急

マンガだからこううまくいくんだね

昭和三十年代子ども世界カタログ

一九七〇年大阪万博

金子國義の魅力

うれし悲しき中一時代

学生運動とジャズ喫茶

おもしろいがいい！

過激の雑誌たち

古本で見る昭和の生活　ご家庭にあった本

はじまり、はじまり

これからここにずらりと並びますのは、私が古本屋巡りのつれづれに、「お、こんなものが?」と、よく正体を確かめないまま、初発の衝動で買った本たちです。著者の名前も知らないままに買った本もずいぶんある。もちろん私のことだから安い本ばかり。

そして、家に持ち帰ってから、仕事の合間にパラパラめくってみた。けっして熟読はしない。しかし、その「パラパラ」という紙の音の間から、ときに著者がリアルタイムで書いた意志や意向と違った、時代の空気が匂うことがあるんです。「あ、ここだな」と感知して、参考になる別の本を読みながら、その本が背負った時代性を探り当てていく。これは楽しい「勉強」でした。

本書のなかでも「こんなふうに、一つの見知らぬ言葉を追いかけていくと、思わぬところから過去の扉が開かれていく。そこが古本を繙《ひもと》くおもしろさだ」と書いている。自分で書いておきながら、ここは「まったく、そのとおりだ」と思いました。

「昭和」という時代の手触りのようなものを、これらの本たちから感じ取っていただきたいと思います。

大人の男はどこに消えた

和製英語の王者

前田一『サラリマン物語』東洋経済新報出版部　昭和三年

〽サラリーマンは気楽な稼業ときたもんだ（「ドント節」青島幸男作詞）

クレージーキャッツの植木等がこう歌ったのが、昭和三十七年（一九六二）。前年の「スーダラ節」や四十年の「ゴマスリ行進曲」など、植木は作詞家の青島幸男と組んで、日本のサラリーマンの軽薄と悲哀を歌い続けた。

歌だけではない。映画でも植木は「ニッポン無責任時代」に始まるシリーズで、舌先三寸のデタラメな「無責任」サラリーマンに扮して時代のヒーローとなる。昭和三十七年七月封切りの「ニッポン無責任時代」が三億五〇〇〇万円、同年十二月の「ニッポン無責任野郎」は三億六〇〇〇万円の興行収入をたたき出した。映画館の入場料が二百八十円の時代だった。

しかし現実の日本は、この頃、所得倍増を謳う高度成長期にあり、モーレツ社員たちは昼も夜もなく会社のために働いたのである。とても「気楽な稼業」とはいえなかった。

「サラリーマンの風俗史の時期は過ぎ、過当競争と合理化、機械化に追いまくられるサラリーマン多忙化の時期。疲れ、だるさ、いらいら、〝飲んでますかっ〟と薬の広告にまでおどかされる。産児制限・計画出産がすっかり軌道に乗って、近ごろうちの社でもおめでたが少ないね、とあいさつしたら、冗談じゃない、見てくれ、忙しすぎて子供なんかつくってるひまがないんだ、とどやされた」

尾崎盛光『サラリーマン百年』（日経新書）のなかで、昭和三十年代後半のサラリーマンがそう描かれている。だからこそ「みろよ青い空白い雲　そのうちなんとかなるだろう」（「だまって俺について来い」青島幸男作詞）と歌う植木等がヒーローになれた、とも言える。

ところで、この「サラリーマン」という言葉、この頃はあまり目にしなくなった。「安月給」「しがない」などの枕詞がつきまとうこの言葉はいつのまにか敬遠され、いまは「ビジネスマン」などと呼ばれる。「ビジネスマン」という呼称は、濁音が続くせいか、堅苦しい印象がある。機能重視、という感じなのだ。そういえば、「二十四時間戦えますか？」とアジるドリンク剤のＣＭもあった。あのＣＭの対象は「サラリーマン」ではなく、「ビジネスマン」だろう。ドリンク剤ぐらいで、二十四時間も働けるもんか。

軽さと滑稽味、それにペーソスを感じる「サラリーマン」の方が私は呼び方としては好きだ。

『大衆文化事典』（弘文堂）によると「サラリーマン」という和製英語が使われるようになったのは昭和に入ってからのこと。月給取りが「急速に増えたのは、近代的な会社が多くなる明治二十年代後半からで、大正に入ると、一つの社会階層となった」（猪狩誠也）という。郊外電車、文化住宅、百貨店、映画、観光、出版などの消費者として、大衆文化の中で重要な位置を占めるようになるのだ。

昭和三年刊の前田一《はじめ》『サラリマン物語』（続編もあり）は、就職活動に始まって、月給袋の中身から質屋の使い方、家賃のやりくりまで、昭和初年のサラリーマン生活のすべてを網羅して解説する。著者は明治二十八年佐賀県生まれ。東京帝国大学卒業後、北海道炭礦汽船に入社し、労務畑一筋に生きた。戦後は日本経営者団体連盟の創立に参加し、専務理事となる。愛称は「マエピン」さん。

「サラリーマン」という言葉は、この本がもとで普及していったのだ。それまでは「俸給生活者」「腰弁」などと呼ばれた。後者は、腰に弁当をぶらさげて通勤するサラリーマンを揶揄《やゆ》した表現として、かなり広く使われていた。一九一〇年（明治四十三）に「東京朝日新聞」に連載された夏目漱石「門」の宗助は、役所の下級官吏だが、自分のことを「己みたような腰弁は」と自嘲気味に呼ぶシーンがある。

昭和三年に長井修吉『サラリーマンの生活戦術』、五年に青野季吉『サラリーマン恐怖時代』、六年の辰野九紫『サラリマン講座』が出版される。「サラリーマン」という呼び方と職業が世に定着していく様子が書名から読めるだろう。颯爽《さっそう》と背広に身を包むサラリーマンが街にあふれ出し、自営業や農業従事者にとって、ちょっと憧れの目で見られていた様子もわかる。

『サラリマン物語』にそんな一端が紹介されている。会社に出入りする商人たちの言葉。

「給料取りの方はほんとうに羨しゅうござんすよ。こちとらと来た日にゃ、朝から晩まで年がら年中働きずくめで儲からないと来ていますからね。（中略）そこに行っちゃ給料取りでござんすね。だまってりゃ月末にたんまり這入るんですもの。全くこたえられませんね」（新字新カナに改めた。以下同）

ところが『サラリマン物語』では、その憧れの職業を「呑気で結構ずくめの輝かしい社会的存在であるだろうか」と疑問を投げかけている。前田の見るところ、昭和初年における実態とはこういうものだった。

「彼等がいかに苦しんで就職の難関を突破し、いかに僅かのサラリーとボーナスから生活を切りつめられ、いかに反間苦肉の策を弄して生活の大系をととのえ、いかに勤め先に於てその尊厳と誇りとを傷つけられ、いかに家庭に於て女房子供に煮え湯をの

まして居るか等々」(「反間苦肉《はんかんくにく》」とは、わざと自分に不利なことをして敵をだまし、敵が仲間割れするように謀ること)

約八十年後の同業者は、まるでいまの自分のことみたいだと驚くだろう。

昭和初年に、すでに通勤電車ではラッシュアワーが始まっていたことも同書でわかる。

「所謂ラッシュアワーと称せらるる頃にもなれば、それこそ乗るも降りるも命がけの活劇を演ずる」とその苦闘が描写され、痴漢やスリの横行についても触れている。昭和二十四年に、中野重治は「おどる男」という短編で、混雑する電車内で短軀の男がもがき飛び跳ねる様を、辛辣な女性の口を借りて「おどる男」と評した。

徳川幕府の武士階級を元祖とするなら、ざっと四百数十年の悲哀がサラリーマンの上に雪のように降り積もっている。

日本のサラリーマンは永久に不滅です。

大正十二年創刊の総合誌のバカ話
「文藝春秋」昭和十年七月号

二十一世紀に入って「現代」（講談社）「論座」（朝日新聞社）「諸君！」（文藝春秋）と、各社を代表するような総合雑誌が軒並み休刊に追い込まれた。直接的な理由は、部数の低迷と広告収入の伸び悩み、ということだが、ある意味、この手の紙媒体による論壇の必要性が失われたとも言える。そんななか、平均六十万部（現在四十数万部といわれる）と安定した部数を保っているのが「文藝春秋」だ。芥川賞発表号となると、百万部を超えることもある。昭和四十九年には、ときの総理大臣・田中角栄の金脈を暴き、内閣を退陣に追い込んだ。雑誌が政治を動かしたのだ。

タイトルには「文藝」の文字がつくが、政治経済からスポーツ、風俗流行、芸能ゴシップまで、幅広く読者の興味を引く話題が取り上げられている。話題のスーパーマーケットのようなものだ。「特集」は「特売商品」と考えていい。その包囲網の広さがこの雑誌の特徴で、「国民雑誌」と呼ばれるゆえんである。

創刊は大正十二年。菊池寛がポケットマネーで三千部を刷ったのが始まり。社名には雑誌名をそのままつけた。創刊当時の発行場所は菊池の自宅だった。

「私は頼まれて物を云うことに飽いた。（中略）一には、自分のため、一には他のため、この小雑誌を出すことにした」と「創刊の辞」に記している。菊池が望んだ、この自由気ままな精神は、その後の「文藝春秋」にも生きている。

私は古本市などで、時々、古い時代の「文藝春秋」を買ってみることがある。雑誌には、その時代の空気感が詰まっているが、とりわけ天下国家から世俗まで取り上げる「文藝春秋」は、生きた時代の証言者だと言える。

例えば昭和十年七月号の「文藝春秋」。第十三巻とあるから、創刊して十三年目。表紙に菊池寛編輯と刷られてある。定価は五十銭。『値段の明治大正昭和風俗史』（朝日新聞社）に「総合雑誌」という項目があり、執筆は杉森久英。杉森は「私の学生のころ、総合雑誌といえば『中央公論』と『改造』のことで、この二誌がしのぎを削っていた」という。杉森は明治四十五年生まれ。戦前に中央公論社、戦後に河出書房で編集者をした。だからこれは昭和初期の話だろう。「そのうち『文藝春秋』も頭角をあらわしてきたが、この雑誌は菊池寛が主宰し、文壇色が濃いので、文芸雑誌と見なされていた」という証言は、総合雑誌の勢力地図と「文藝春秋」の置かれた位置をよく伝えている。

そして値段。「『中央公論』は震災のころからずっと、毎号八十銭だった。『改造』もほぼ同じ定価だったが、突然、五十銭に値下げして、大々的に広告した。これは『中央公論』に対する挑戦である」としている。「中央公論」はその値下げに反応せず、八十銭を保持した。昭和十年七月号の「文藝春秋」の「五十銭」には「特価」とついており、おそらく「改造」の値下げに合わせたのではないか。その差は三十銭。「そのころ三十銭のちがいは大きかった」と杉森は言う。「コーヒーなら三杯飲め、本郷座で映画を一回見られる額である。本郷肴町の天安という天ぷら屋の上丼が三十銭だった」。東京帝国大学の学生だった頃の杉森の生活が彷彿とされるが、これで「文藝春秋」の定価だった「五十銭」がどれくらいのものであったかがわかる。現在の千円ぐらいか。

この号の「文藝春秋」をとくに選んで買ったのは、前の持ち主が、気に入った記事のタイトルを、雑誌か新聞の広告から切り取って表紙に貼付けていたからだ。

「大阪見聞記　大阪の消費力と遊蕩的エネルギー／藤妻浩平」

「銀座界隈　瓦斯燈、煉瓦地の古きなつかしき銀座。／今村信吉」

「白髪禿頭優劣論　人間は白髪か禿頭か、何れかを選ぶべき運命を荷っている、厳粛な問題だ、近代医学は。何と答えるか。／高田義一郎」

「厠のいろ〳〵　珍にしてただの珍にあらず、妙にして尋常の妙を脱す。／谷崎潤一郎」

「新聞はラジオに駆逐されるか？／成沢玲川」（これだけ背に貼ってある）

以上が、吉井さんのお気に召したらしい。「吉井さん」と前の持ち主の名前がわかったのは、挟み込んであったチラシが「大日本雄弁会講談社図書雑誌販売店」のもので、客の名前のところに「吉井様」と書かれてあるからだ。吉井さんはどうやら、「文藝春秋」のほかにも、講談社の雑誌……「キング」や「講談倶楽部」、あるいは子どものために「少年倶楽部」などを一緒に買っていたらしい。これらを月極で契約すると、書店から自宅へ配達されたのである。

さて吉井さんが広告から切り抜いた記事だが、大阪探訪あり、白髪とはげ頭の優劣論あり、文豪による便所論あり、実に軟派でバラエティに富んでいる。私の関心もほぼ吉井さんと重なる。つまり、同じ号にあった「北支排日グループの正体／波多野乾一」や「帝国美術院裏面観／茶家保以」、「秋田音頭縁起／小島健三」などより、こっちのほうがおもしろそうだ。吉井さんと私はなんだか気が合うみたい。

昭和十年は、文藝春秋社が芥川賞・直木賞を作った年。菊池寛による「編輯後記」の巻頭にも「芥川・直木賞の第一回入賞者は近いうちに発表されることになろう。近日、審査員全部の会合を開いて、各々の意見を纏めることになっている」と書く。この頃、大正十四年に放送開始したラジオという新しいメディアが、受信機の普及で娯楽の主役となっていた。そこで「新聞はラジオに駆逐されるか?」という記事が書かれることになった。

新メディアの台頭に、旧メディアの新聞が脅威を持っていたことがこれでわかる。執筆者の成沢玲川は「アサヒカメラ」の初代編集長で、『電波に聴く』（昭和十二年）という著書を出している。

成沢は、新聞メディアにおける文字による伝達力と記録性の優位性と、その「指導精神」を高く買う。ラジオがいくら人気が出たからって、そう簡単に新聞はなくならないというのである。結果はご承知のとおり。いままた、電子書籍とその端末機の爆発的普及により「紙の本」はなくなると叫ばれているが、これも五十年、六十年たってみないとわからない。

「白髪禿頭優劣論」では、医者で作家の高田義一郎が、白髪と禿頭、選ぶとしたらどっちがいいかを大マジメに論じている。こういう記事が、政局論や井伏鱒二の小説、川端康成の文芸時評と一緒に載ってしまうところが「文藝春秋」の良さだと私は思うのである。高田は「現代名士禿頭番付」まで作って、世の中の名士と呼ばれる人に、いかにツルピカ頭が多いかを紹介する。ちなみに禿頭の「東の横綱」は、関東長官・児玉秀雄。「西」は貴族院議員・末延道成。「横綱」に選ばれたって、ちっとも嬉しくなかったろうけれども。陸軍大将・児玉源太郎の長男も、明治生命保険や東武鉄道の取締役まで務めた末延も、どちらのおつむも涼しかった。

このあと、ドイツにははげ頭の結社があるとか、毛はえ薬や治療法の紹介など、もっぱら話題は「禿頭」に集中し、結論として「白髪は禿頭に優って居る」と判定をする。なぜなら「無い袖は振れぬ。毛の無い禿頭を白髪頭に見せる方法はない」からである、というのが結論だ。

なんだかバカバカしいや。

男のユーモア・ダイエット小説

アンリー・ベロー 高橋邦太郎訳『肥満漢《デブ》の歎き』四六書院 昭和六年

ダイエットは女性にとって常に悲願なのか。その年々によってめまぐるしくブームが移り変わるなか、ダイエットだけ方法こそ変われど、ブームが続いている。そんなダイエット狂躁ぶりの変遷を伝える「週刊新潮」（二〇〇六年九月二十八日号）の特集「『ツイッギー来日』から黒酢まで　ダイエット40年史」がおもしろかった。

日本でダイエットの兆しが芽生えたのは、昭和二十八年に伊東絹子がミス・ユニバース世界大会で三位入賞を果たしたころ。日本人女性が思わず、わが胴回りを、きりりと締め上げてみた。三十四年には「痩せる体操」がテレビで紹介されブームに。四十二年にはイギリスのモデル、レスリー・ホーンビーが……と言ったってだれだかわかんない、つまりツイッギーが来日した。これが、ダイエットの「黒船」だった。愛称「ツイッギー」は小枝のこと。そんなネーミングのチョコ菓子が登場したのもこの頃か。

とにかく、この長身でやせっぽちのイギリス娘のミニスカート姿が日本女性を熱狂させ、たちまち街にはミニスカート姿があふれ出す。同時に、ダイエットという言葉も定着し始めた。

しかし、同誌によれば、「そもそもダイエットというのは『一日に必要な定量』を意味する英語である。それがいつの間にか、『体重を減らすための決まった食事』と変化していったのである。さらに言えば、ヨーロッパではもっと古く、ダイエットの観念は存在していたものの、「それは主に男性を対象」とし、大食の快楽を戒めるものだった。

そこで、この本のお出ましだ。昭和六年刊の『肥満漢《デブ》の歎き』の著者はフランスの作家、アンリー・ベロー。本書によりフランスでもっとも権威のある文学賞「ゴンクール賞」を受賞。しかし、私が入手したのは裸本の状態で、表紙に著者名さえない。これは「新でかめろん叢書」と名づけられたシリーズの一冊で、ほかに丸木砂土『風変りな人々』、松本泰『女五人の謎』、十一谷義三郎『近代愛恋帖』、森岩雄訳『ハリウッド・ガール』など、下半身に特化したすこぶる魅力的な書目が並ぶ。版元の四六書院と言えば、古書即売会で人気のある「通叢書」を出していた出版社。あれ、雑誌「犯罪公論」もここか。エロ・グロ・ナンセンスな、いい味を出してる出版社ではないか。

『肥満漢の歎き』は、どうやら著者の自伝的小説らしく、中身は徹頭徹尾、痩せる苦労をおもしろおかしく伝えることに力が費やされている。この時点では、たぶん世にも珍しい、男のユーモア・ダイエット小説なのだ。

ベロー君は御年三十七歳。百キロの巨漢だが、「抑々ズボン一杯に肥った男にそう腹の黒い人間が居る筈はないよ」と、根拠もなくうそぶいている。なにしろこの男、痩せる気があっても「減食をしたってスポーツをしたって、戦争だって」肥ってしまうのだ。困った奴だなあ。

いちおうダイエット（もちろんそんな言葉は使われていないが）を試みるが、「丸薬」は「首を縊られた猫の様な厭な薬」で、「水薬」は「泥臭くって味は石油のよう」、「トルコ風呂（蒸し風呂）」ときたら「暑いのなんのってお話にもなりゃしない」とケチをつけてばかり。

「お話にもなりゃしない」のは、いったいどっちの方だよ、と言いたくなります。

蒸し風呂があんまり暑いので、逃げ出して、向いのビヤホールに飛び込んだら、風呂屋と同じ経営者だった、というオチまでついている。要するに、ダイエットに悪戦苦闘して失敗する姿を戯画化し、一冊が成り立っている。大したものだ。これでアンリー・ベローの文名も大いに上がった。

ちょっと、サイレント時代のチャップリンやキートンなどのスラップスティック喜劇の味もあり、これはこれでおもしろい。

昭和六年には、四月一日から東京浅草「東京館」で、「ニコニコ活劇大会」と題する西部劇と喜劇をドッキングさせた映画興行が開かれ、好評を博したとある（『昭和二万日の全記録』第二巻 講談社）。ここに「荒武者キートン」「ロイドの天国騒動」「チャップリンの駈落」と、ポスターにタイトルが並んでいる。『肥満漢の歎き』は、文字で読むスラップスティックとして、大いに受けたのだろうと想像されるのだ。

サラリーマン一芸

若山均『宴会・招接待のすべて』池田書店　昭和三十一年

十二月は「師走」と言うが、じっさいに忙しいのはサラリーマンだろう。クリスマスパーティ、忘年会と宴会続きになる。仕事納めの大事な時期に忘年会があるのは困ったことで、年々前倒しになる傾向のようだ。二つ、三つとこなす人もあり、時間のやりくりに頭を痛めることだろう。

園田英弘『忘年会』（文春新書）は、そんな忘年会の起源から、現在に至るまでの変遷を描いた、まことにユニークな研究書。『忘年会』なんてタイトルの新書が刊行されるなんて、二十年前なら考えられなかった。

私が注目したのは、戦後の高度成長期に忘年会ブームがピークを迎えるというあたり。週刊誌も十二月に入ると、どこでも「忘年会特集」を組んだ。そして、その多くが「隠し芸特集」だった時期が続いたという。

宴会ともなれば、ただ酒を飲んでいればいいってものじゃない。お座敷で宴会形式の忘年会が主流だった時代は、宴たけなわともなると、座興として銘々が何か芸を披露しなくてはならなかった。簡単な手品ができる人や歌のうたえる人はいい。無芸の者は、わざわざその時期が近づくと「隠し芸教室」に通ったと『忘年会』にある。『サザエさんをさがして』によると、昭和四十九年十一月二十八日付「朝日新聞」に「幹事さんは〝仕込み〟に懸命」の見出しで「隠し芸を伝授する講習が人気を博すさまを伝えている」という。

また同書に、昭和四十二年に入社した元電鉄マンのコメントがある。「当時の忘年会は泊まりがけが基本」で、「芸者やコンパニオンを傍らにはべらせ、歌えや踊れやの芸に興じた。社員も、チームに分かれての寸劇や個人芸を披露した」。

達者で本格的な芸は別として、酒の力を借りて、下手でも歌ったり踊ったりして人前で恥をかくことは、サラリーマンにとって必要だったのだ。

だから「隠し芸」および宴会のノウハウ本の需要ができて、昭和三十年代から四十年代にかけて、宴会指南の本がたくさん出ている。昭和三十一年刊、若山均『宴会・招接待のすべて』（池田書店）もそんな一冊。なかに「気の利いた余興とかくし芸」という章がある。「宴会といえばかくし芸がつきもので、然も今日では来席者各位一芸を披露し、これが一巡したときお開きとなるように仕組むのが慣例、になっているので、何かしら芸を一つもっていないとおちおち宴会に出席することさえ出来ないというのが現状のようである」と無芸者をおどかしている。

時代が違うなあ、と感じられるのは「隠し芸」のジャンルに「義太夫、浪化節、落語、講談の一節」があること。義太夫などいまや流行らないし、芸を披露しても聞く側に教養がないから、良し悪しがわからない。

それでも「義太夫をやって客を泣かせようというのは無理。吹き出してもらえば成功と思うべし。大体義太夫をこれで皆を泣かせてやろうという位の真剣さでやれば大体笑ってもらえる」というアドバイスは有効で、ほかの芸でも同じことが言えそうだ。

宴会での隠し芸といえば、真っ先に思い出すのが東宝の映画「社長シリーズ」だ。森繁久彌社長のもと、宴会となると営業部長の三木のり平が「パーッといきましょう」としゃしゃり出る。本業では目立たない男が、宴会となると生き生きしだすのがおもしろい。「社長シリーズ」は昭和三十一年から四十五年まで続いたが、営業部長ならぬ宴会部長の三木のり平は、二十六作目「続社長千一夜」（昭和四十二年）で身を引く。現実の社会でも、隠し芸をともなう「忘年会」の最盛期はこのあたりまでか。

昭和四十年十二月号の「漫画讀本」は、「現代宴会術」を特集。忘年会を前に、いかにうまく宴会を乗り切るかをあれこれ考察している。なかでも目につくのは、やはり「隠し芸」ネタ。サラリーマン諸兄がこれで苦労していたことがわかる。手品、どじょうすくい、歌とともに、マンガでも文章でも登場する頻度の高いのが「裸おどり』。素っ裸になって、お盆二つを持ち、踊りながら大事な部分をお盆で交互に隠すという。これがこの特集で八回はネタになっている。

いまなら女子社員からセクハラで訴えられるところだ。

城山三郎の短編「隠し芸の男」は、いま北村薫・宮部みゆき編のアンソロジー『名短篇、ここにあり』（ちくま文庫）で読むことができる。無趣味、無風流の堅物課長の根上（四十五歳）は、毎年恒例である、泊まりがけ新年会の時期が近づくと憂鬱になる。「Q銀行の行員としての生涯を全うするためには、隠し芸のひとつぐらいおぼえておかねばならぬと、下腹に墨で顔を書いておどる裸おどりをけんめいにおぼえ、にがい思いをかみ殺して演じてきた」のである。とくに今年は、新米課長として初めて部下を持ち、その心をつかむため、得意の裸踊りを披露するが……。隠し芸を披露する時間になると、若い部下たちはさっさと腰を上げ、「ボウリングと、ゴーゴーをおどりに出かけたい」と言い出す。

この短編の初出の年はわからないのだが、「ボウリング、ゴーゴー、トルコ風呂」が三大レジャーと言われたのが昭和四十二年。「隠し芸の男」もおそらくその頃を描いたものと思われる。すでに昭和四十年代半ばには、若い世代にとって「宴会の隠し芸」が時代おくれなものと映っていた。

『忘年会』のなかでも、もと読売新聞記者だった塩田丸男が、かつての宴会で「男が裸にならないことはなかった」と証言している。とりあえず裸になると、なんとか座がもったらしい。胸襟を開かない同僚に「もっと裸になれよ」というレトリックも流通していた。いまや、修学旅行で入浴時間に、海水パンツをはいて湯に入るという時代。どう考えても通用しないだろう。

「漫画讀本」では、山口瞳が「余興の心得」を書いている。余興とはつまり「隠し芸」だ。

「余興はあんまりうまくないほうがよい。あの人がこんなものを、といった意外性程度にとどめておくのがよい。それがかえってうけるし、無難でもある」

そうアドバイスしている。一例として挙げているのが「謹厳実直で、やや内気な中年の課員」の話。彼は「『聖者の行進』と『セシ・ボン』をアームストロング調で歌う。歌いおわったときに、ちょっと飛びあがる」芸がお得意だった。これが受けて、アンコールとなったそうだ。こうした定番芸があると強い。年に一度か二度というのがミソで、同じことのくりかえしでもじゅうぶんウケるし、同僚たちも（酔いも手伝って）登場を期待するようになるだろう。

『忘年会』には、多数の写真が掲載されているが、そのうちの一つは、ネクタイにスーツ姿の男たちが、豆絞りの手拭いをほっかむりして、座布団を頭に踊っている。余興の練習だというが、こんな姿を自分の子どもに見られたら、威厳を失うことうけあいだ。しかし、私は好きだなあ。しがないサラリーマンのお父さんたち、こんなにがんばっているんだもの。

いまや泊まりがけの忘年会など少なくなっただろうし、みんな上品で賢くなって、人前でバカなマネなどしなくなった。二次会はカラオケか。バカになりなさいよ、忘年会ぐらいは。ちょっとそう思った。

都会のロビンソンクルーソーたち

林光一『ルンペン学入門　放浪の詩』ペップ出版　昭和五十一年

私は一九九〇年（平成二）春に大阪から東京へ、なんのあてもなくやってきた。三十歳を過ぎていた。上京してしばらく、東京中をうろついていたのだが、新宿のガード下や駅の階段で傷ついた獣のようにうずくまっている人たちを目撃した。もう二十年以上も前、すでに「ホームレス」と彼らを呼ぶ習慣があったかどうか。

かたわらを、まるでそんなものが目に入らないように、ネクタイ姿のビジネスマンや流行の服に身を包んだ若い女性たちが通り過ぎて行く。まだ決まった仕事もなく、身よりもなく、明日をも知れない私としては、彼らよりそんな路上生活者の方に親近感を覚えていた。下手をすると、数カ月後のおまえの姿だ、と突きつけられている気がしたのだ。

その後、いくつも春を越え、まがりなりにも文章を書いて食べていけるようになった今がウソみたいだと思うことがある。ニュース番組などで、ホームレスの実態をレポートしていると、つい見入ってしまうのはそのためだ。約二十年前の春の日に、地べたや壁にへばりつくように生きる彼らを見たときの親近感と切なさが甦ってくるのだった。

平成二十三年現在、全国にホームレスは約一万九百人いると言われている。どういう調査をしたかわからないが、実際はもっといるだろう。都道府県別に多い順で並べると、大阪府、東京都、神奈川県。

以前の調査だと、そうなった理由のうち三分の二は、要するに仕事がないから。ひどいもんだ。ホームレス、なんて言い方で、臭いものにフタをするようなやり口が、事態の深刻さをごまかしている気がする。昔なら「ルンペン」だ。もとは「ぼろ」を表すドイツ語。

その「ルンペン」を自称する人が書いた『ルンペン学入門　放浪の詩』は、貴重な路上生活者ルポだ。ルポライターや社会学者が書いた同種の本はあっても、当事者が自ら筆を執って報告するというのが珍しい。著者は、「あるテレビで俳優の津川雅彦さんと対談したとき」なんて書いているから、当時、ちょっとした有名人で、だからこそこんな本も出たのかもしれない。

著者の林光一は、大正七年静岡県沼津市生まれ。父親は東大医学部卒の外科医で、同県の大病院で副院長を務めていた。大正十二年に父親が早世するも、遺産があり、何不自由なく育ったという。

早稲田大学の政経学科を卒業後、戦争を挟むが、某信託銀行に入行。幸せな家庭も持った。ここまでのところ、ページのどこをどうめくっても、路上生活者になるような影はまるで見えない。

ところが、やってくれました。酒とオンナに狂い、横領事件を引き起こし万事休す。何もかもを失って、昭和二十六年より浅草でのルンペン生活が始まる。まだ三十代初め、あまりに若い転落だった。

それからの人生で得た、生活するためのノウハウやサバイバルの知恵、そして路上から見た底辺の人間観察や哲学をこの一冊にまとめあげた。名著である。

著者は書く。

「われわれは『都会のロビンソンクルーソー』である。生活に必要ならどんなものでも拾い集め、再生して活用する姿勢と技術を身につけていなければいけない」

いまの世の中、リサイクル社会だの、スローライフだのときれいごとを言っているが、彼ら「都会のロビンソンクルーソー」たちは、先駆けてすでにエコライフを実践していたわけだ。

私の知るかぎり、「都会のロビンソンクルーソー」という表現をいち早く使ったのが江戸川乱歩。昭和十年の「中央公論」に書いた原稿のなかで、一年間下宿にひきこもって誰とも口をきかなかった作家アーサー・マッケンの例を引き、「この『都会のロビンソン・クルーソー』」と呼んでいる。乱歩曰く「人間は群棲動物であるからこそ、その潜在願望では、深くも孤独にあこがれるということではないのかしら」。『ルンペン学入門』が、悲惨な境遇というより、選び取った自由なあり方として、どこか爽快さを内蔵しているのも、「孤独にあこがれる」ことの実践になっているからではないか。

「ルンペンは自分の身体ひとつだけで、あとは何もない。いわば無から生じている存在なのだ」とあるのも、あながちやせ我慢とも思えない。「有」ばかりをぶらさげ、それを守るのに必死な我々からすると、小気味のいい存在なのである。

大人による大人のための漫画雑誌
「文藝春秋　漫画讀本」一九六六年十月号

「漫画讀本」という雑誌は、一九五四年（昭和二十九）に「文藝春秋」の増刊号として創刊され、のち月刊誌として独立する。七〇年の休刊まで、世のサラリーマンたちを大いに楽しませた。「漫画」とタイトルにあるが、漫画のページは半分もなくて、あとは文章とグラビアで構成されている。

ただし、現在「漫画」という言葉から想像するストーリー漫画とは違う。一コマ、四コマ、もしくはその延長。長らく日本の漫画は、新聞の時事ものを除けば、児童・少年向けに限られていた。青少年の劇画誌「漫画アクション」「ヤングコミック」「ビッグコミック」が創刊されるのは六七、六八年。それまでのつなぎとして、「大人の漫画」を提供し続けたのが「漫画讀本」ということになる。

青島幸男他作、クレージーキャッツ出演によるコント番組「おとなの漫画」のテレビ放映が開始されたのが五九年のこと。帽子をかぶり、背広姿で薄いカバンを持ち、通勤電車に揺られて会社へ向かうお父さんやおじさんたちが、休み時間や帰宅後のひととき、楽しんだのが「おとなの漫画」や「漫画讀本」だった。この頃は、「大人の男」というイメージも、通俗的なサラリーマンのイメージもはっきりしていた。この「漫画讀本」を通覧すれば、昭和三十年代から四十年代のサラリーマンたちの生活から思想、生理までことごとく把握できるはずだ。

以前、東京・浅草の「松屋百貨店」で定期的に開催されていた古本市を覗いたら、この「漫画讀本」が大量に放出されていた。雑誌は読み捨てされるのが普通で、残りにくいものだが、これは捨てがたかったのか、いまでもけっこう古本市や古書会館が開く即売会などで見る。その日は、どれもだいたい三百円ぐらいの値がついていた。会場を一回り巡ったあと、「漫画讀本」のあったワゴンを通りかかると、制服姿の女子高生が熱心に四、五十年前のこの雑誌を読んでいた。ちらりと見ると、横山泰三のマンガのページを開いている。思わず声をかけて、「どこが面白い?」と訊ねそうになった。あぶない、あぶない。

「漫画讀本」を現在の目で読んで驚くのは、そこに多くの才能が結集していることだ。例えば表紙。目次のクレジットでは「ライトパブリシティ」という会社名しかないが、これは当時、同社にいた和田誠の仕事。ある号を見ると、モデル（江波杏子）の胸元で、涙を傘で受ける男が刺青のように描かれたイラストは、あきらかに和田誠のタッチだ。カメラはおそらく無名時代の篠山紀信。ぎりぎりのお色気をさらりと出して、何とも洒落たデザインワークだ。

ライトパブリシティ時代のことを回顧した和田誠の回想『銀座界隈ドキドキの日々』（文藝春秋・一九九三／のち文春文庫）で、「漫画讀本」表紙について触れた個所がある。

〝ライト〟がこの仕事を請け負い、一九六二年から一年間は山下勇三が担当。山下は「表紙のどこかに山高帽を入れるというポリシーを作った」。翌年、和田にこの仕事が回ってきて「写真でやることと、山高帽のアイデアを引きついだ。ぼくは篠山紀信を指名した。シノはライトではまだそれほど忙しくなかったから、気軽に引き受けてくれた」。

第一回のモデルは水谷良重（現・八重子）。胸元を開けて、そこに意地悪爺さんがスキーリフトに乗っているイラストを切り紙で重ねるというアイデアを立てたが、撮影する段になって、水谷が聞いていないとヘソを曲げた。ようやく、少し襟元を開けるという譲歩案で撮影を終えたが、その間、篠山はカメラの後ろでずっと黙っていたという。「その後あんなにみなさんを脱がせているシノなのに、その頃はまったく本領を発揮していないのであった」と、若き日の天才カメラマンをからかっている。こういう話、大好き！　第二回のモデルは岸田今日子だった。

この号の女性は一九六六年を代表するモデル前田美波里。まだ十八歳の新人劇団員だった彼女は、この年五月、資生堂の夏の化粧品ポスター「太陽に愛されよう」に抜擢される。小麦色の肌、西洋人のような肢体を白いビキニに包んで砂浜にねそべるこのポスターが、貼られても貼られてもはがされて盗まれた。以後、盗まれるポスターというのが、広告の人気度のバロメーターとなっていく。

話を「漫画讀本」に戻す。この雑誌に登場する漫画家の顔ぶれも興味深い。のちに大家となる漫画家たちも、六〇年代には「大人の漫画」の世界ではせいぜい挿絵ぐらいで、活躍の場が少なかったから、この雑誌で大いに腕を振った。佃公彦、谷内六郎、東君平がこの雑誌でデビューし、仕事の枠を広げていったことはよく知られている。そのほか、すでに大家だった横山隆一、横山泰三、清水崑などを始め、岡部冬彦、鈴木義司、サトウサンペイ、馬場のぼると、まるで大人の漫画家の紳士録みたいだ。

本文カットに名を連ねる伊坂芳太良は、七〇年に四十二歳で早逝した天才画家で、六〇年代に紳士服「エドワーズ」のポスターやノベルティグッズを手がけて、現代の浮世絵師として名を高める。今でも評価は高く、彼の作品集の古書価は軽く二万円を突破する。

また、文章の執筆陣も豪華だ。版元が文芸出版の雄とあって、人脈も豊富なわけだ。この号の特集は「サラリーマンのためのＢＧ研究」。ちなみに「ＢＧ」とは、「ビジネスガール」の略で、その後、「ＯＬ」「キャリアウーマン」など呼称が変化していく。これを山口瞳、野坂昭如、野末陳平、阿刀田高などが料理している。野坂昭如は「職場別ＢＧ鑑賞法」と、フェミニズムの見地からは許すべからざる漫文を書いている。この頃、まだ野坂は黒メガネのうさんくさい人物で、ＣＭの作詞、放送作家など手広く活躍し、「火垂るの墓」「アメリカひじき」で直木賞を受賞するのは昭和四十三年のことだった。

清濁あわせ飲む大人が書いて、大人が読む。そんな雑誌だったのだ。

一九七〇年版「新潮文庫解説目録」

ブックオフを始めとする大型新古書店の商法には批判もあるが、功績を認めるとすれば、古本文庫の大量普及だろう。私が大学生だった三十年前、古本屋での文庫の扱いは申し訳程度。岩波文庫以外は買い取りを断る店もあった。いまでは、単行本が売れなくなって、むしろ文庫の買い取りに積極的な店が多い。店売りのほとんどが時代小説の文庫、と嘆く店主もいた。品切、絶版も含め、よほどの稀少本でなければたいていの文庫は古本屋で買える。その流れを作ったのは、まちがいなく大型新古書店だ。

たとえば、手近な大型新古書店へ行くと、中堅の新刊書店では太刀打ちできないほど大量の文庫がずらりと並ぶ。私はよく、仕事の合間に出かけていって、通い慣れた小径を散歩するように、百円の文庫棚を眺める。目当ての本を見つけると、パチンコで言えば、チンジャラと受け皿に球が流れ込んだ気分だ。

そこで気づくのは、棚にあるうちの半分以上が品切あるいは絶版本であること。そこで幅を利かしているのが、現在の人気作家とはまったく違う層であることだ。新刊書店の文庫コーナーではほとんど見ない、井上靖、石川達三、石坂洋次郎、源氏鶏太、獅子文六などが、ちゃんと存在を主張している。

私は、岩波、新潮、角川、講談社、文春など各社文庫の目録を、完全ではないが四、五十年分ぐらい揃えている。古い文庫を調べる時、これが役に立つ。例えばいま、一九七〇年版の「新潮文庫解説目録」を引っ張り出して来たが、表紙が地味で、ページ数も最新版の半分くらい。著者別の収録数で言えば、石坂洋次郎（十六）、石川達三（十七）、井上靖（十七）、丹羽文雄（十二）、源氏鶏太（十）、獅子文六（十）などが目立つ。彼らの作品は、いずれもよく読まれ、その多くは映画やテレビドラマ化されたのだ。

ところが約四十年後、新潮文庫で彼らの作品を読もうとすると、井上靖だけが現役で、石川達三がかろうじて二冊、映画化もされた『青春の蹉跌』と『四十八歳の抵抗』が残っているだけで、あとはゼロである。日本文学という土俵から、彼らは速やかに退場させせられてしまった。

新潮社にはオンデマンド出版といって、注文があってから印刷して簡易製本するシステムがあるのだが、丹羽文雄の『顔』は上下巻で九千五百二円もかかる。四十年前の定価は三十円。新古書店をまめに探して見つかれば、たぶん百円＋税だ。新潮社の商売の邪魔をする気はないが、かつて昭和三、四十年代に各社から出た文学全集にも『顔』は収録されている。「日本の古本屋」のサイトで検索すると、昭和三十七年の角川「昭和文学全集」、四十年の中央公論社「日本の文学」、四十三年の河出書房新社「カラー版日本文学全集」のいずれにも『顔』は入っている。すべて五百円から千円のあいだで今でも買えるのだ。古本屋の店頭なら三百円以下。新潮文庫版でも五百円くらい。本当に読みたいと思うなら、手はいくらでもある、ということだ。

彼らの作品の中には、いまは失われた懐かしき昭和が詰まっている。地方出張や恋人を追いかけるのは国鉄の夜行で、銀座へ出かける時はちょっとおめかしをした。ケータイがないから、車内では本や新聞を開いたし、急な連絡は電報を打った。中高年の男の背広には「大人の匂い」が染み付き、「加齢臭」なんてイヤな言葉はなかった。いい時代を懐かしむには、消えた作家を読むに限る。

たばこ、ポマード、昨日の酒の残り、汗、仁丹、サロンパス、それに背広の生地、それらが混じり合って「大人の匂い」「おじさんの匂い」を作り上げていた。

これら「大人」が消えてしまったのはいつ頃からか。マンガ評論家の夏目房之介は、『マンガの力』（晶文社）のなかで「日本の〝大人〟という定型イメージが壊れた」のを、一九六〇年代だと規定している。根拠は大人が読むマンガ雑誌「漫画讀本」が一九七〇年に休刊しているから。これは社会や風俗、政治を風刺する一コマや四コママンガ、それにくだけた読みものが中心の雑誌だった。これ以降、マンガとは「物語的連続コマもの」が主流となる。いわゆる「ストーリー・マンガ」だ。夏目は「それは大人マンガの衰退と同時期だったのだ。偉そうで、毅然とし、不動の価値を示すことのできた〝大人〟は、疲れ果て、情けない存在に相対化されていった」と見るのだ。

その「疲れ果て、情けない存在」となった大人の私からすると、「偉そうで、毅然とし、不動の価値を示すことのできた」イメージの人と言えば、例えば俳優の佐分利信がいる。青年期もあったし、若き日の姿をとどめる映画もあるが、なんといっても佐分利信のイメージは一九五〇年代末からの一連の小津安二郎作品で作られた。「彼岸花」（一九五八）、「秋日和」（一九六〇）などで、かつての同窓生でいまはそれぞれ重役、教授となっている友人たちと酒を酌み交わす。中村伸郎、北竜二がお相手だ。彼らは節度を持ちながら、遠慮のない冗談が言い合える仲である。料亭の女将（たいてい高橋とよ）へのあしらいも、いかにも「大人の匂い」がする。

まるで青春期がなかったかのように、私の印象では、いきなり大人だった佐分利だが、次に注目されるのは七四年「華麗なる一族」の万俵頭取役で、このときはもう老人だった。佐分利が「大人」から老人に移行した時、日本から「大人」がいなくなってしまったのかもしれない。文庫から大人の作家が消えていった時期と、なんだかリンクしている気がするのである。

さらに言えば、昭和十二年生まれの庄司薫が、本名の福田章二名義で『喪失』を発表し、中央公論新人賞を受賞したのが昭和三十三年。つまり一九五八年。いったん、表舞台から姿を消して、次に庄司薫の名で『赤頭巾ちゃん気をつけて』で再デビューを果たし、芥川賞を受賞するのが昭和四十四年(一九六九)。このとき彼は、主人公についこのあいだまで高校生だった浪人生・庄司薫くんを据え、現役の若者に身をやつして青春小説を書いた。正体が知れるまで、ほんとうに十八歳の実在の人物が書いた小説だと信じる人もいたのである。

このとき、庄司薫は三十二歳になっていたわけだが、「大人」の主人公を避け、若者を描いたことも、「大人」を喪失していく七〇年代の前触れを察知していたとも取れる。これは、文学史上における「大人」の退場をあざやかに印象づける事件だった。なお言い添えておけば、庄司薫ファンの方は次の古雑誌二冊に注目すべし。一九六九年の「文學界」九月号と「新潮」十二月号。前者には「恐竜をつかまえた」、後者には「アレクサンダー大王はいいな」が掲載されている。いずれも「赤頭巾」以後に発表された、単行本未収録作品である。

憧れの大東京

昭和交響曲第一楽章の始まり

東京市役所・萬朝報社共編『十一時五十八分』

萬朝報社出版部　大正十三年

これはタイトルでピンと来て買った本。十一時五十八分……わかるかな？　内田百閒が、この時のことを「入道雲」というタイトルで書いている。百閒はこの日、青森から羽越線に廻る旅をするため、上野駅へ人力車で向かう。なにしろ大正の話ですから。

そして、その日の「十一時五十八分」が来た。

「突然後の方から非常に騒々しい貨物自動車が追っかけて来る様であった。地響きをたてて私の俥に迫るのかと思いかけた途端に、乗っている俥をひどい力で横にゆさぶられる様な気がして、轟轟と云う物凄い響が前後左右からかぶさって来た。／『地震だ。大地震だ』と咄嗟に考えた」

もうおわかりだろう。大正十二年（一九二三）、関東一円を襲った、あの「関東大震災」である。それが起きたのが九月一日の「十一時五十八分」だった。マグニチュード七・九、死者行方不明者が十万人を超える大惨事となった。ちょうど昼時で、火を使っていたため、あちこちで火災が起り、死者の多くは焼死と言われている。

東京を壊滅状態に陥れた未曾有の大地震を振り返り、記録したのが『十一時五十八分』だ。「実録・関東大震災」なんてタイトルではなく、時間そのものをズバリ持ってきたセンスが買える。同書には、地震の直後の状況を刻々と多くの写真と一緒に伝える「焦髪日記」、惨事のなかにあって生まれた美談「人情美の発露」、復興に向けての提言「精神復興の叫び」、そして小学生たちの感想文「大地震に於ける小学児童の感想」と東京市長・永田秀次郎の回想を収める。関東大震災の第一級史料であることがわかる。

まずは地震発生時の様子を、電車内で被災した橘清作の文章から。

「最初は電車の吊革に身を託して居ったが到底堪え切れぬので次に腰掛に、しっかりと捉まって辛くも身体を支えて居た。路上に居合わせたる人々は地上に投げ出される者もあり、四つ這いになる者、地上に蹲踞《うずくま》る者、狼狽てて、駆け出そうとして躓《つまづ》く者などもあった」

実体験だけあって、さすがにリアルだ。火災のことも記している。

「その夜の東京は大混乱とも、焦熱地獄とも何とも名状することも形容する事も出来なかった。どこを見ても只もう焰々たる天を焦す、衝天の焔である」

この頃、一般市民の住宅はほとんど木造、それも下町は密集していたから、火災が起るともう手がつけられなかった。

そんななか、ほっとするようないい話もある。

酒井平次郎「美しい友情の発露」は、家が焼け落ち、身の回りの家財道具のみ風呂敷に包んで持ち出した酒井が、友人の島田宅にこれを預ける。その後、二人は混乱のさなか、離ればなれにあるが、偶然に邂逅する。島田の家も焼けてしまったが、酒井の荷物だけ、別に保管してあった。見ると、島田の荷物はほとんどない。友人から預かった荷物を優先して避難させたのだ。

もちろん、暴動のデマが広がったことから、多くの朝鮮人が殺害された恐怖の事件も書き留められている。小学生へのアンケートでも、「一番おそろしかったこと」の一位が「鮮人《(ママ)》暴行騒ぎ」。非常時に理性を失った集団心理が、いかにおそろしいものかがよくわかる。

文学史的に見ると、大正十二年は明治四十三年創刊の武者小路実篤、志賀直哉、有島武郎を擁した文芸同人誌「白樺」が廃刊され、翌年、「文藝戦線」と「文藝時代」が創刊される。悪く言えば金持ちの道楽雑誌が大震災でつぶれ、焼土の中から昭和初期文学の勢力を二分するプロレタリア派と新感覚派が生まれた。

また、大正十二年五月には、この時代の代表的な百貨店だった白木屋神戸出張所で、

初めて土足による入店が実施された。それまでは、入口に下足番がいて、客の下駄や草履を預かっていた。気分は江戸の延長だったのである。七月には特急が東京・下関間を結び、日本航空が設立されたのもこの月。アメリカ帰りの山野千枝子が、丸ビル内に日本初の近代美容のシステムを導入した「欧米風美容院」を開業するのも、お茶の水に文化アパートメントが完成したのも、この大正十二年だった。

木村荘八『南縁随筆』河出市民文庫　昭和二十六年

帯がない、表紙は欠け、背は割れ、本体も含め総じて日焼け感強し、おまけに前の所有者が奥付に購入した日付を書き込み、新聞記事を貼り込んでいる。満身創痍、南方からの復員兵みたいな『南縁随筆』を私は所有している。しかも、ひどく愛している。昭和二十六年（一九五一）という海から流れに乗り、およそ半世紀後に岸辺へ流れ着いたのだから。

これを「日本の古本屋」という代表的な古書検索サイトにかけると、四点見つかった。古書価は千円が二点、あとは千五百円＋税と二千五百円＋税。一番高くついているのは、条件が「背日焼けにより褪色」とあるだけ。経年による劣化を除けば、おそらく最良の状態だろう。これは文庫に強いH書房の出品。次のランクも同店。もっとも安い（と言っても三段階だが）、千円をつけている二点のうち、四国に巨大倉庫を持ち在庫管理をするT書店の出品を見ると、「ワレ、ヤケ、頁端少ヤブレ、表紙イタミ、少ヤブレ、ヌレシミC」と悪条件の揃い踏みだ。我々が子どもの頃に駄菓子屋で買ったお菓子には、「人工着色料、人工甘味料、人工保存料使用」と書かれていたのを思い出す。

ネット販売をしない、店売りと目録主体の古参の古本屋さんに話を聞いたら、「目録に掲載する場合は、元々、あんまり状態の悪いものは載っけないから、昔はそこまで細かく、状態について書くことはなかった」と言う。「『経年によるヤケ』なんて、古本だから当たり前なんだよ。わざわざ自分んとこの商品を悪く言ってどうするんだ」と、ネット販売による細かな条件づけを憤っておられた。目の前にない本を買う客側からの、少しでも細かく、条件を提示しておいて欲しいという要望の表れだろうが、見えない本の可視化には限界がある。

T書店の悪条件揃い踏みは、まるで私が所持している『南縁随筆』を見ているようだ。私の場合は、おそらく二十年近く前、五反田の即売会において二百円ぐらいで買っている。先述のように状態は悪かったが、それでも手が出たのは、河出市民文庫を蒐集していたのと、木村荘八の文庫、ということ自体が珍しかったせいだ。いまでは岩波文庫『新編　東京繁昌記』（一九九三年）、ちくま学芸文庫『東京風俗帖』（二〇〇三年）に、木村荘八の文章が入っているが、それまで文庫で読めるということすら知らなかった。もちろん一九七八年に冨山房百科文庫から『東京の風俗』が出ていたが、あれは「文庫」と名はついているが、実態は新書ともいうべき判型だからねえ。自分が生まれる前の、昭和二十年代に出た河出市民文庫で木村荘八を発見して驚いたとしても仕方がない。

遅ればせながら木村荘八についてご紹介を。明治二十六年（一八九三）東京市日本橋区吉川町両国広小路（現・東日本橋）生まれ。父親は、明治の傑物の一人、木村荘平。牛肉店「いろは」の経営者として知られる。いろはは四十八店舗を目ざし、東京市内に次々と支店を拡大、いずれも愛妾に店をまかせた点でも話題になった。荘八はその支店「いろは」第八支店に生まれた。

両国広小路は両国橋西詰の江戸期からの繁華街。広いお江戸で、「広小路」とついたのは「下谷」（上野山下）、「浅草」（雷門前）とこの「両国」の三カ所。魚河岸、歌舞伎、寄席、露店、色町（吉原）とそれに付随する料亭などが建ち並び、日に千両が落ちると言われた。志ん生の十八番「幾代餅」で、吉原の花魁・幾代太夫と、職人の清蔵が晴れて結ばれ「幾代餅」という餅屋を出したのがこの両国広小路。

「煙草屋沿いに両国広小路へまがると長寿庵のそば、足袋の海老屋、大平の錦絵店、勧工場などが並び、両国橋へつづく裏通りは〝芸妓じんみち〟に当り、色もの席の立花家や義太夫席の新柳亭にも近く、毎晩のように寄席におい やられ、それが下地となって演芸や歌舞伎などに眼を開かれた」（『新編　東京繁昌記』解説／尾崎秀樹）というから、後世、東京についての随筆や風俗考証の仕事をするには、うってつけの出自であった。

　昭和三十三年（一九五八）に木村荘八は没する。その年、演劇出版社から『東京繁昌記』が出る。岩波文庫がそれを元に原稿を少し入れ替えて『新編』として出すのが前述のとおり一九九三年。その間、昭和四十五年（一九七〇）に中央公論美術出版社から『絵のある手紙』、五十年（一九七五）に青蛙房から『東京風俗帖』と、単行本が出ているが、いずれも趣味人相手の出版で、しばらく木村荘八の名は忘れられていたのではないか。

　昭和五十七年（一九八二）から全八巻の『木村荘八全集』が出る。六十一年（一九八六）に創刊された雑誌「東京人」は最初季刊、隔月、月刊と地域雑誌を脱して、広く読者を獲得していくのがおそらく一九九〇年代に入ってから。この頃から「東京」に関する本が、ブームと呼べるほどたくさん刊行されるようになる。一九二〇年代という時代区分で、アメリカやヨーロッパと併置して、東京をモダン都市として読みなおす海野弘の名著『モダン都市東京』（中央公論社）が、昭和五十八年（一九八三）に出たのは象徴的だった。失われた東京を懐古するとき、木村荘八の東京随筆がまた読まれるようになったのだと、私は考えている。

　私自身が、木村荘八という名を強く印象づけられたのは、岩波文庫の永井荷風『濹東綺譚』に木村による挿絵がふんだんに使われていたからだ。独特な線描の積み重ねによって表現される、陰翳の濃いペン画は、雨の風景なら雨の匂いや音まで、画面から沸き立つようであった。河出市民文庫でも解説者の野田宇太郎が、「これは単なる挿絵ではなく、『濹東綺譚』の裏側にひそむ人間荷風の『悲哀』までも表現し得た絶品と感嘆した」と絶賛している。挿絵が本編の文学作品の添え物ではなく、表現として肩を並べるほどの存在感を示すことがある好例だろう。

『文庫　そのすべて』によれば、じつは河出市民文庫が出た昭和二十六年ごろ、各社が文庫に続々と参入し、「文庫ブームの過熱期」を迎えていた。その数、八十種とも九十種とも言われた。ただし、B6判や新書判も多く、いわゆる文庫サイズとして出されたのはその半分くらいか。ともあれ、この時期、出版界が活況を呈していたことがわかる。町には美空ひばりや灰田勝彦の明るい歌声が流れ、この年に中部日本放送、新日本放送（現・毎日放送）、ラジオ東京（現・TBS）など、民間ラジオ局が開局。パチンコが大流行した。

私が所持する『南縁随筆』は、冒頭に書いたとおり、前の所有者が、新聞記事を切り抜いて貼り込んだ、いわば「私家版」。扉に清水崑の筆による木村荘八の似顔絵（左図参照）、その裏に、浜谷浩撮影の肖像写真。比べると、清水が描いた似顔絵は、浜谷撮影の写真が元になっていることがわかる。最後のページには「私の顔」というコラムに木村荘八が登場。使われた顔写真は、先に掲げた浜谷撮影のもの。それがなぜわかるかと言うと、「この写真は浜谷浩氏が撮りました」と書いているからだ。

前の所有者は誰だかわからないが、新聞で木村の記事を見つけるたび、切り抜いて『南縁随筆』に貼り込んでいったのだろう。元の文庫は、当時、書店へ行けば誰でも買えた大量頒布の一冊に過ぎない。ところが、一枚、切抜きを貼るごとに、「公」がだんだん「私」に移行していく。こんなに大事に、一冊を「私」でふくらませた『南縁随筆』は、私にとっても特別な一冊なのだ。

日米ドリームの男

青木湯之助『東京で儲けた私』学風書院　昭和三十二年

著者のことは何も知らずに、いわばタイトルのみで買った本だ。東京・高円寺にある古本酒場「コクテイル」で、トークや音楽のライブをやっており、私は年に数回、古本の話をしているが、そこでこの本を紹介した。じつはまだ、そのときはロクに読んでいなかった。中身をたしかめながら話し出すとすぐに、古本屋にして酒場の店主である狩野俊くんが「あ、それ、ロッキー青木の父親ですよ」と叫んだ。寡黙な彼としては珍しいことである。しかし、私はそのロッキー青木さえ知らない。いろいろ知ったかぶりはしているが、この年になって知らないことだらけだ。

店主曰く、ロッキー青木はアメリカでレストラン「ベニハナ」を成功させた人物で、レスリング界にも名前を残す。聞くだにいかがわしそうな人物だ。『朝日人物事典』によれば、ロッキー青木は本名・青木広彰。昭和十三年生まれ。『東京で儲けた私』の著者の長男で、慶応大一年のとき、日本学生レスリングチームの一員として昭和三十四年に渡米した。よほどアメリカが気に入ったのか、そのまま居着いてしまい、五年後の三十九年にはフライ級の全米チャンピオンになる。ニューヨークで鉄板焼レストラン「ベニハナ・オブ・トーキョー」をオープン。いかがわしそうな……だなんて、ごめんなさい。大した男だ。

「ベニハナ」では、客の目の前で、注文されたものを焼くだけでなく、切って投げる、あるいは包丁をふりまわすなどのパフォーマンスを取り入れて名物となった。料理に「演出」を取り込んだわけである。たしかにこれは珍しい。ロッキー青木は「ベニハナ」とともに、ニューヨークの名物男となる。

いまでこそ、大リーグでマツイ、イチロー、マツザカほかが活躍し（この中で現在MLBで現役なのはイチローだけ）、日本人の名前が知られるようになったが、半世紀前のアメリカで活躍する日本人と言えば、このロッキー青木のこと……って、前から知っていたみたいだが、私もいま知ったばかり。

ロッキー青木はまちがいなく青木湯之助の子どもだ、と思うのは『東京で儲けた私』を読んだからで、湯之助も立志伝中の人物。「ベニハナ」はもともと、父親が戦後まもない東京で始めた店「紅花」だった。

青木湯之助の経歴は変わっている。明治三十九年和歌山県で生まれ、家は紀州徳川家直参旗本の士族だった。しかし、血がたぎる新時代の若者に、和歌山の風土は穏やかすぎたのか。十八の年に故郷を出奔した「旗本退屈男」は、旅回りの一座に加わって旅の空での役者修業。タップダンスを独習し、郷宏之の芸名で浅草の舞台に立つ。昭和八年には、当時の軽演劇のメッカだった新宿「ムーランルージュ」で活躍する。本書の帯に森繁久彌がコメントを寄せているのは、「ムーラン」時代の仲間だったからだ。この時代の青木の風貌は、ムーランの座付作者だった阿木翁助の回想『青春は築地小劇場からはじまった』（現代教養文庫）にスケッチされているが先を急ぐ。

軽演劇の役者だった青木の転機は、時代の病だった肺結核に罹ったことで訪れた。役者をあきらめ、昭和十二年、日本橋で小さな喫茶店を開く。これこそ、いまや国内外に百店舗以上を構えるチェーン店「紅花」の出発点だ。青木は根っからのアイデアマンで、この喫茶店を「アメリカンスタイルのスマートな店」にしつらえる。ジャズをかけ、美人を選んでウエイトレスにした。これが当った。昭和十一年は二・二六事件が起きた年で、国内は軍拡が進んでいくが、まだこのような遊びが許されたようだ。

ここが「東京で儲けた」青木の最初のピークだったが、太平洋戦争突入で店の周辺は焼け野原となる。何もかも失った青木は、ひるむことなく「おしるこ屋」を開業するが、詐欺に引っかかって再び沈没。迷走の果てに昭和二十三年、コーヒー店「紅花」を開店。このときから青木の快進撃が始まった。

それまでオーナーとして陰にいた青木は、「紅花」開店とともに、自ら白い背広を着て、ちょびひげをたくわえて店に立った。「ニューヨーク仕込みのコーヒーのエキスパート」という触れ込みのスタイルだが、青木が渡米するのはこの十数年あと。さすがは元役者だけあって、自己演出はお手のもの。さらに、それまでの経験から、どうすればお客が喜ぶかを肌身で学んでいた。

青春期の迷走や、その後の失敗も含め、人間、ムダなことは一つもないと、この本を読んでいて思うのだ。

いまや喫茶店ならどこでもやっている「モーニングサービス」を考え出したのも青木。その後、二階をレストランに改造して、一品を二百円という格安の価格設定で客を呼び込んだ。ただし食器は一流のものを使ったという。店で使うテーブルクロスや白衣をつねに清潔にするため、自前の洗濯工場を作るというアイデアもすべて青木の脳から発した。

こうして青木は「ジャパニーズドリーム」を、長男はのちに「アメリカンドリーム」を手にする。親子二代でどでかい夢をかなえたのだった。本書には何度も「演出」という言葉が出てくる。演劇用語の「演出」を経営の分野に持ち込んで、みごと成功させた男と言えるだろう。

東京観光の花形
「東京遊覧　はとバス」新日本観光　昭和二十九年

大好きな映画、小津安二郎「東京物語」（一九五三）に「はとバス」が登場するシーンがある。ここでご紹介するパンフレットが出来上がる少し前の公開。

尾道から息子と娘を頼って上京してきた老夫婦（笠智衆・東山千栄子）が、義理の娘である原節子と、はとバスに乗って東京観光をする。映画のなかで、バスの車窓から見えるのは、丸の内のオフィス街、皇居、銀座の風景などである。皇居前広場では「大東京の雑踏の中にありながら、まことにゆかしい限りでございます」と、バスガイドのアナウンスが流れる。当時、職種が限られる女性にとって、バスガイドは花形だった。成瀬巳喜男「稲妻」（一九五二）では、主演の高峰秀子がバスガイドに扮している。

東京の主要な観光スポットをガイドつきで周遊する遊覧バス「はとバス」は、外国人を含め、初めて東京の地を踏む者にとって、このあまりに広い大都市のイメージをとりあえず把握するのに便利だ。私は東京在住で、しょっちゅう都心をうろついているが、一度乗ってみたいものだと思っている。

「はとバス」は、戦後、一九四八年に「新日本観光」として設立された。六三年に「株式会社はとバス」となる。この「東京遊覧」というパンフレットには発行年が書いてないが、新日本観光時代のものだ。

遊覧コースとして写真入りで紹介されているのは、丸の内、皇居、日比谷、国会議事堂、九段・赤坂、青山・新宿、芝・築地、銀座・有楽町、日本橋、浅草、上野、本郷・小石川・神田など。これらが組み合わされ、さまざまなコースが設けられているのだ。

「東京物語」で原節子一行が乗ったのは、おそらく午後の「半日コース」ではないか。約三時間半の所要で料金は三百円。二〇〇九年三月現在、同様の半日コースが五千八百円。ううん、けっこうするもんだなあ。一度乗ってみたい、なんて言ったが、これでは保留だ。

ところで、この発行年のわからないパンフの製作年代を、掲載された観光スポットから推定してみよう。

「夜の遊覧コース」で、銀座の風景にビルの上で輝く「森永製菓」の地球儀型ネオンサインが見える。これは一九五三年に完成。当時撮られた日本映画で、銀座のシーンと言えば、服部時計店（現・和光）とこの地球儀が必ずといっていいほどよく登場する。浅草のページには相撲の「蔵前国技館」が、建てられたばかりの姿で映る。同館は五四年の完成。これで「東京遊覧」が、五四年以降、しかもわりあいすぐの刊行物であるとわかる。

もっと言えば、赤坂のページで日本テレビのテレビ塔が「東洋一を誇る高さ一五四メートルの鉄塔」と紹介されている。じつは、五四年六月には、名古屋に一八〇メートルのテレビ塔が建設される。つまり、五四年の発行でも、その年の前半であったと、かなり狭めて追いつめられるのだ。

ただし、その名古屋のテレビ塔も、数年後の五八年に三三三メートルの東京タワーに追い越され、さらに二〇一二年五月には東京都墨田区に「東京スカイツリー」（六三四メートル）の開業が予定されている。東京の街はめまぐるしく変貌するので、写された建物により、かなり正確な年代が特定できるのだ。

さらにページをめくると、日本橋の上をまだ高速道路が覆っていなくて、銀座・数寄屋橋も健在。銀座一繁華な交差点を川が流れていたと考えるだけで、ちょっとうれしくなる。

隅田川河口に架かる勝鬨橋《かちどき》は、このころは大きな船が通るたびに架橋が開閉していたのである。月島あたりを舞台にした、ちばてつやのマンガ『ハチのす大将』で、主人公の若き医師が、開きかかったこの勝鬨橋を、バイクで飛び越えるシーンがあった。同作品は一九六三年「週刊少年マガジン」に連載。勝鬨橋が船の通航のための、最後の開閉（正式には「跳開」）をしたのが六七年で、六八年まではこの橋の上を都電が走っていた。

世界的な建築家、フランク・ロイド・ライト設計による二代目帝国ホテルも、その威容を拝むことができる。三島由紀夫は編集者との打ち合わせなどに、よくこのホテルのコーヒーハウスを指定したという（椎根和『平凡パンチの三島由紀夫』新潮文庫）。三島の『暁の寺』に、こんな描写がある。

「帝国ホテルのロビーは墓地の入口のようで、むきだしの大谷石が中二階の堺を低く区切り、又、ロビーの片隅の売店には、アメリカの雑誌や袖珍本のけばけばしい表紙の色が、そこだけ墓地の枯れた献花のようにしどけなく咲いていた」

一九二三年竣工の建築を「墓地」に見立てるところに三島の真骨頂がある。ここでの、売店で売られている「袖珍本」とは、たぶんペーパーバックのことだろう。

半世紀を経て、失われたものがあまりに多く、東京は別の街のように変貌してしまった。「東京遊覧」をみる限り、まだ高層ビルはなく、都心にも平屋の住宅が櫛比し、どこかのんびりと優雅だ。このパンフレットを持って、いまの「はとバス」で東京見物をしてみると、そこからどんな東京が見えるだろうか。

あこがれのアパート生活

小崎政房・はりま弘介「アパートちゃん」昭和三十二年

表紙に使われた少女の写真がまるで絵のようだ。これが松島トモ子。おかっぱに目鼻立ちがくっきりし、白い歯が並ぶ笑顔、赤い頬と、昭和三十年代の少年少女雑誌およびその周辺の媒体で、円らな瞳の少女が描かれるとき、まさにこの顔だった。典型的な昭和三十年代少女として描かれた顔は、松島トモ子を範としたのだろうか。それとも逆で、みんなが昭和三十年代少女像として期待するさまを、松島トモ子が体現したのかもしれない。まさに、自然は芸術を模倣する。……ちょっと違うか。

ともかく、少女雑誌の付録にその名を冠して「トモ子まんが文庫」とネーミングされるほど、松島トモ子の人気は当時絶大であった。驚くべきことに「トモ子マンガ文庫の歌」まで作られている。

松島トモ子は昭和二十年七月十日、中国・満州奉天（現・瀋陽）生まれ。本名・奉子（トモ子）は出生地に由来する。生後まもなく日本に引き揚げ、四歳で芸能界デビュー。映画「鞍馬天狗」シリーズの杉作が当たり役となり、約八十本の映画に出演している。少女雑誌の表紙を飾るなど、子役スターとして君臨。しかし、子役スターは大成しないというジンクスがあるが、成長してからの彼女は女優よりも、おもにテレビのレポーターやラジオのパーソナリティで活躍していた。

その彼女の名がニュースになったのは昭和六十一年のこと。アフリカ滞在中、ライオン、ヒョウと二度に亘って襲われ、大けがをした。ほかにも周りに人はいたのに、なぜか猛獣たちは松島一人を狙った。あの顔の表面積を大きく占める目が、猛獣の野性本能を刺激させたのだろうか。

『すみれさん』と題された「少女ブック」の付録マンガには、表題作ほか「少女白菊」「アパートちゃん」と三本のマンガを収録。いずれも主人公は、映画化されたらいかにも松島トモ子が主演しそうな少女だ。

私がとくに注目したのが「アパートちゃん」。「ニッポン放送連続放送劇」と角書きがある通り、ラジオ連続ドラマとして放送されたもののマンガ化だ。

青空小学校一年生の牧村みどりちゃんは、住んでいるアパートの人気者で「アパートちゃん」と呼ばれている。ほかに、意地悪な同級生の坂崎くん、やさしい女先生、同じアパートの住人で柔道二段の阿部子さんなどが登場。明朗、活発、軽妙、滑稽でハートウォーミングなドラマ。

しかし、タイトルの「アパートちゃん」というのがなんともすごい。いま、建物の名前があだ名につく子どもっていないでしょう？　「マンションちゃん」「ハイツくん」……まず考えられない。まだ敗戦の名残が漂う昭和三十年代、鉄筋コンクリートによるアパートという住居形式が、庶民の憧れであったことがこのあだ名でわかる。

木と紙でできた日本家屋が倒壊した大正十二年の関東大震災を契機に、東京では「同潤会アパート」と称する鉄筋コンクリート造りの中層集合住宅の建設が進む。プライバシーを守る鍵のかかるドア、憧れの洋風キッチン、洋式便所など、日本人の生活を西洋化させた。

じつはこのあと、同じ「少女ブック」フロクの「アパートちゃん」を見つけて買った（昭和三十一年十二月号）。こちらの絵は三木一楽。正月を前に、団地前の空き地に興行でやってきたサーカス一座の少女と、アパートちゃんの友情を描いている。興行中、水を使わせてくれ、と頼みに来た団長に、表にある井戸へ案内する。電話は表の電話ボックスを使っている。

親切にされたサーカス一座の少女の父親が、別れ際に「こんなしがないサーカス生活のまずしい弓子やマリにりっぱな家庭のアパートちゃんや善太ちゃんがなかよくしていただいて」と泣きながら話すシーンがあるが、アパートに住んでいる家族を「りっぱな家庭」と呼ぶところに時代を感じさせる。

昭和三十一年版の「アパートちゃん」の絵を見るかぎり、アパートちゃんの住むアパートは、郊外に建てられた団地のようだ。「団地」という言葉が定着するのも昭和三十年代。昭和三十三年七月二十日号の「週刊朝日」では、団地に住む住人たちを「ダンチ族」と名付け、その生態を考察している。重松敬一編『アパートの暮し』（中央公論社・昭和三十一年）は、口絵のモノクログラビアで、「最も理想的なダンナと、合理的な設計を誇る大阪箕面アパート」を紹介しているが、背景に望む山並みや、大きく広がる空き地など、「アパートちゃん」で描かれたアパートとよく似ている。というより、日本各地に建てられた鉄筋の団地群はどれも似たりよったりだ。

また、『すみれさん』に収録されたマンガ「少女白菊」は、明治十年の西南戦争を背景とする少女の父恋を描いて世に知られる「孝女白菊」の少女マンガ版。そして

「すみれさん」では太陽族を取り込んでいる。前時代的メロドラマと、もっとも現代を感じさせる流行が混在しているところがまたおもしろい。

女たちのひとり暮らし
戸川昌子『猟人日記』講談社　昭和三十八年

外国人のような彫りの深い顔、魅力的な低い声（バス）を武器に、妻帯者でありながら本田一郎は次々と女性を陥落。その漁色ぶりを大学ノートに「猟人日記」と称してつける。ところが、関係した女は次々と殺されていく。本田は逮捕され、死刑判決を受ける。本田のアリバイを示す「猟人日記」は、誰かの手で盗み出され絶体絶命。ことの真相は？

戸川昌子が、乱歩賞受賞作『大いなる幻影』に続き、書き下ろしで発表した長編ミステリが『猟人日記』（昭和三十八年）。翌年には中平康の手で映画化され、戸川自身も重要な役で出演している。主人公の漁色家を演じるのは仲谷昇。一九九〇年から放送の深夜番組「カノッサの屈辱」での老教授役しか記憶のない世代には、ちょっと想像がつかないかもしれないが、若い頃の仲谷は、古い表現を使えば「水もしたたるような」いい男だった。麻布中学在学中からその美少年ぶりは噂になり、近隣の女学生の熱い視線を一身に浴びたことを、同級生だった小沢昭一は、後々まで悔しそうに回想したほどである。

私の所持する『猟人日記』は、昭和三十八年八月二十五日が第一刷、昭和三十九年四月十日に第五刷になっている。戸川は「銀巴里」そして、自ら経営する「青い部屋」ではシャンソン歌手としても知られていたから、出版社としては本が売りやすい。裏カバーには銀巴里で歌う著者の写真をちゃっかり使って、『大いなる幻影』に続くヒットとなる。それにしても「大いなる幻影」(ジャン・ルノワール監督)、「猟人日記」(ツルゲーネフ)と、戸川は既存の名作タイトルからの借用がうまい。

驚いたことに、単行本の著者略歴には現住所が記してある。「東京都文京区大塚窪町5　女子アパート内」……これぞ、二〇〇三年まで姿を残していた、同潤会大塚女子アパートだ。戸川は、昭和五年竣工、男子禁制の「おひとりさま」アパートの住人だった。

女性とすまい研究会編『同潤会大塚女子アパートメントハウスが語る』(ドメス出版)に、この「おひとりさま」アパートのことがくわしく語られている。「同潤会アパート」は、関東大震災を契機に、昭和初期、東京、横浜に建てられた耐震耐火の鉄筋コンクリート集合住宅。十六カ所あったが、いまや上野下アパートが残るのみで、ここも建て替えが検討中という。早晩、「同潤会アパート」はすべて姿を消すだろう

（二〇一三年に解体）。表参道にある青山アパートなど、蔦のからまる古びたコンクリート低層建築で、雰囲気があり好きだったが、表参道ヒルズとして建て替えられた。

そんな中、とくにユニークだったのが、大塚女子アパートメントだ。私も上京してすぐ、東京をうろついている頃、小石川の坂の途中にある古本屋「土屋書店」を訪ねた帰り、茗荷谷駅近くにあるこのアパートをわざわざ見に行ったことがある。アパートというより、ヨーロッパにある古い建物のようだった。

大塚女子アパートは、その名のとおり、入居者は女性だけ。しかも独身の職業婦人に限られていた。地下鉄「茗荷谷」駅を出てすぐ、春日通沿いにあった地下一階、地上五階の中庭のあるコンクリート建築で、空襲で一帯が焼き払われたあとも、砦のように残っていたという。

取り壊しが決まったとき、なんとか保存し、女性のための新しいタイプの集合住宅として再生できないかと、活動を続けていた「旧同潤会大塚女子アパートメントハウスを生かす会」のメンバーが中心になって、かつての住民に聞き書きし、このアパートの建築学的意味や、女性の社会進出といった視点から書かれたのが前述の本だ。執筆者も証言者も全員女性と徹底している。

大塚女子アパートは、当時、ひとり暮らしするには家長の許可が必要だった。女性は結婚して家に入り、子供を育てるのが当たり前、という時代に、社会進出を果たした自立する女性を支援するため建てられた、画期的なアパートだったのだ。

画期的なことはそれだけじゃない。

広い玄関ホール、エレベーター、応接室、食堂、サンルーム、浴場、洗濯場など共用施設があり、各部屋に備え付けの家具があった。トイレも水洗。昭和五年でこのレベルはすごい。和室と洋室百五十八部屋は募集するとすぐ埋まったようだ。部屋は四畳半のみといささか窮屈な感じがするが、共有施設があるので狭く感じなかった。十一時が門限で、男子禁制。親族でも男性の面会は応接室で行われたというから厳しい。家賃は、現在の物価で換算すると、十二万から十四万もした。ほかの同程度の間取りのアパートと比べると高い。だから、タイピスト、公務員、教師などわりあい高給取りの女性に限られた。つまり、当時で言うモダンガール。

このアパートには有名な女性もたくさん住んでいたが、その一人が戸川昌子。同書によれば、戸川は東京大空襲で焼け出されて、母親と二人、住むところを探して歩きまわり、くたびれて腰を下ろしたのが大塚女子アパートの玄関だった。管理人募集の張り紙を見て、無理を言って二人住まわせてもらうことになる。

このとき戸川は、売れない歌手だったが、「戦争で無惨に夢打ち砕かれた人たち」の姿をこのアパートで見て、小説を書き始めた。それが江戸川乱歩賞を受賞した『大いなる幻影』だ。物語の舞台となる、老嬢たちが住みつく女子アパートとは、まさしくこの大塚女子アパートがモデルだ。

出版から半世紀近くたった今でも、この『猟人日記』を読んでおもしろく感じるのは、やはり風俗描写の部分と、単行本の作られ方だ。後者から気付いたことを言っておこう。装幀は田中一光。撮影が福田由也とあるが、これは本文に使われた挿絵代わりの写真のことであり、珍しいことに、合成の手法が使われている。例えば、本田が女子学生・美津子を東京タワーの展望台へ誘い出したシーン。望遠鏡を覗く件《くだり》に使われた写真は、東京タワーの写真に、大きな女性の目がアップで重ね合わされている。

小説雑誌に連載された作品が、単行本にまとまるとき、雑誌で使われた挿絵をそのまま使うことはあるが、『猟人日記』は書き下ろしだ。こうして戸川昌子は、第一線の女性として世に知られていくのだ。

昭和三十年代の東京

池田彌三郎『東京の12章』淡交新社　昭和三十八年

東京の大きな変貌が、大正の関東大震災、太平洋戦争の戦災、そして昭和三十九年の東京オリンピックを契機にしている、とはよく言われる。

東京の町と人々をたっぷりモノクロ写真、そして文章で閉じ込めた『東京の12章』は、東京オリンピック開催の前年の刊行。おかげで現代の読者は、変貌する前の東京の姿を拝むことができる。

変貌後の昭和四十年ごろに、「東京見直しブーム」があったと生粋の東京人、小林信彦が『私説東京繁昌記』（ちくま文庫）のなかで書いている。

「げんに、私の手元にある東京関係の研究書、エッセイは、大半が、このころ出版されたものである。それらは、オリンピック前後の強引な道路計画、グロテスクな高速道路建設に悲鳴をあげるかのように、あわただしく出版された印象をあたえる。走りつづける人々は、高度成長の中でほんの一瞬、東京の過去を想い浮かべたのだろうか」

昭和三十八年に出た『東京の12章』は、そんな「東京の過去」を描く絶妙なタイミングで出た。文章は国文学者の池田彌三郎。生家は銀座の名店「天金」、ちゃきちゃきの江戸っ子で、随筆の名手でもあった。

しかしむしろこの本で注目したいのは写真の方だ。カメラは藤川清と富山治夫。全二五四ページ中、半分は写真だ。これが素晴らしい。富山治夫には、東京の世相を写し取って文明批評の域に達した『現代語感』（中央公論社・一九七一年）という名写真集がある。この『現代語感』は、富山のライフワークとしてその後シリーズ化された。ちなみに、一九七一年版『現代語感』は、軽々と一万円を超える古書価がついている。私がその昔、古本屋で買ったときは定価の半分くらい。写真集がこんなに高くなるとは思ってもみなかった。

さあ、その『東京の12章』の写真ページを開いてみよう。「東京の鼓動」「東京の変貌」「東京の休日」「東京の道標」と四章に分かれた、まずは第一章。最初の写真は丸の内あたりのビル街を、屋上から俯瞰でのぞむ。明治の雰囲気を残す赤れんがの建物があるかと思うと、手前には、ビルを取り壊し建て替え中の工事現場が見える。続いては「高速道路1号線」。現在の首都高速だ。これも東京オリンピックに合わせて造られた。見開きの下半分、波打つカーブの曲線がリズムを作って目に楽しい。走るクルマはまだ少ない。上半分は建設ラッシュのビル群。

続いて、銀座尾張町（現・銀座四丁目）交差点の三愛ビル。このこけし型の円筒ビルは現在も健在だ。いまはオタクの巣窟・秋葉原もこの本ではトラックが集積する青果市場となっている。銀座の子どもを撮った二枚のうち、一枚はカゴを背負ってゴミ拾いをする男の子（ボランティアじゃないよ、これで稼いでいるのだ）、もう一枚は集団登校をする身綺麗な小学生たち。なんとも皮肉な二枚だ。

『昭和　二万日の全記録』（講談社）の第十二巻、「昭和38年」の章に、「銀座、屋上暮らし」という小さな記事が写真とともに掲載されている。

「東京の住宅不足は深刻で、公営アパート入居希望者の競争率が二〇〇〇倍に達することもあった。三八年六月、銀座五丁目にはビルの屋上で暮らす人がいた。にわとり小屋や温室もあり、樹木が植えられていた」

写真には、屋上の植木に水やりをするエプロン姿の主婦が映っている。その後ろにはものほし棹に洗濯物がぶら下がる。ここだけトリミングしたら、場所が銀座だと当てられる人はいないだろう。しかも、この銀座五丁目にあるという角地のビル、よく見ると一階に「銀座テーラー」、二階に「稲川歯科」の看板が見える。ということは、ここは建て替わる前の「壱番館」ビルではないか。「稲川歯科」は、いまでも同ビル内にある。

そのほか、団地、集団就職、埋め立て地、東京駅のラッシュアワー、職安、まだ開閉していた時代の勝鬨橋など、高度経済成長に向けてアクセルをふかす東京のざわめきが聞こえてきそうな写真が次々と現れる。なかにスーパーマーケットのレジ風景を撮った一枚があるが、店内のカゴは金属製で小さく、レジ袋は紙だ。みな買物カゴを提げている。キャプションは、「ご用聞きにまかしてはおけない」。酒屋、肉屋、八百屋と、まだまだ各家庭を店員が回って注文を聞いていたことがわかる。

一方で、昭和三十八年四月には、西武百貨店が設立した西武ストアーが西友ストアーと改称。西武百貨店の一部門を独立させ、スーパー「西友」を全国展開させていく。イトーヨーカ堂がチェーン展開を始めるのが三十六年。三十八年には東京都葛飾区に立石店をオープンさせた。セルフサービスによる大量・廉価販売が急速に拡大していく。

写真一枚から、いろんな情報が読み取れるのだ。池田は「東京に東京を求めようとしても、東京はなかなか見あたらな

い。東京は日本のうちに消えてしまった」と書いている。つまり、日本中が東京化され、また日本全国の名産や食品が東京に集まってくる。分散と集中で「東京は東京のなかにいなくなってしまった」と言う。

それからまた四十年以上が過ぎ、ますます東京の分散と集中は進んでいるが、橋を含む川辺の風景、公園、お寺、寄席、銀座の一部などに『東京の12章』の姿は残されている。「消えてしまった」と思える東京を、探す楽しみもあるのだ。この本を持って、写真の場所を訪ねて歩いてみようという気持ちになってきた。

歌謡曲に歌われた「東京」

「平凡」「明星」の歌本

日本に四十七の都道府県あれど、歌謡曲にもっとも歌われた町は統計を取るまでもなく、「東京」が断トツのはず。『懐かしの昭和30年代ベストヒット400』（梧桐書院）を見ると、タイトルの頭に「東京」とつく歌だけで十四曲。「ウナ・セラ・ディ東京」「おさらば東京」など、タイトルに「東京」を含むもの、あるいは「ああ上野駅」に代表される東京の地名を歌ったものなどを合わせれば、三十曲以上を数える。

おそらく昭和三十年代は、「東京」をテーマにした曲が多い時代だった。それ以前、それ以後と、歌謡曲に歌われた「東京」が、時代とともにどう変化していったか。「明星」「平凡」の歌本をテキストにちょっと考えてみたいと思うのだ。

ここでいきなり磯田光一という文芸評論家の名前を出せば、心の準備がない人は面喰らうかもしれないが、その著書『思想としての東京』（講談社文芸文庫）という画期的な東京論のなかに、歌謡曲の分析を援用しているのだ。

大正十二年の関東大震災以降、東京が西側に膨張していくのは東京論においてすでに自明のことだが、磯田は「この推移の意味するものを、最も的確にとらえていたのは、知識人の都市論でもなければ、ましてやマルクス主義のドグマなどではなく、歌謡曲の作者であり、それを愛唱した大衆であった」と言う。私もまったく同感だ。同感、というのは、磯田のその後に展開させる理屈より、「歌謡曲」が大衆文化のなかで持つ重要性、という点だ。

「東京」歌謡曲で最初のピークを作ったのは、おそらく昭和で言えば二十年代の前半だろう。昭和二十三年「東京の屋根の下」(灰田勝彦)と「東京ブギウギ」(笠置シヅ子)、二十四年「銀座カンカン娘」(高峰秀子)、二十五年「東京キッド」(美空ひばり)と名曲が続く。この時代の「東京」歌謡曲の特徴は、「なんにもなくてもよい　口笛吹いてゆこうよ」(「東京の屋根の下」)、「リズムウキウキ　心ズキズキワクワク」(「東京ブギウギ」)、「いきでおしゃれでほがらかで　右のポッケにゃ夢がある」(「東京キッド」)と、戦後の東京を明るく元気に謳いあげていることである。

この点を阿久悠は、「歌のなかに東京がある」(「東京人」一九九八年三月号)のなかで、次のようにみている。

「現実の厳しさ辛さ、悲惨さ、過酷さを、東京という名の下で演じさせた歌はきわめて少ない。要するに東京は、日本中の人間の夢でなければならなかった。そして、すべての人がそれを希望していた」

その証拠に、昭和二十年代の東京の歌には、東京へ誘う歌がない、と言う。現実は、焼け跡が残り、食べるものもなく、米軍に占領された東京であって、この時代、「東京」の夢を歌うのも空元気、という面があった。

それでも光源の強い、明るい「東京」という都市への夢は、地方に暮らす者にも流行歌というかたちで浸透していったはずだ。「東京へ誘う歌」が本格的になるのが昭和三十年代だ。

その前哨として昭和三十年に歌われた「東京へ行こうよ」（真木不二夫）の歌詞が問題になる。池田憲一『昭和流行歌の軌跡』（白馬出版）によれば、「東京へ行こうよ（中略）行けば行ったで　何とかなるさ」が、「刺戟的材料のみ多い都会」である「東京」に無責任に誘う歌として、良識派から批判されたという。

寺山修司が『家出のすすめ』のなかでこの「東京へ行こうよ」を取り上げ、「この曲は発売後まもなく『家出の傾向を助長し、かさねて風俗を紊乱するものである』という理由から発売禁止になってしまった」と書いている。寺山は、自分の体験に照らし合わせ、地方にいる若者が「陽のあたる場所」すなわち東京を夢見、憧れるエネルギーを、政治が阻害する愚を嗤《わら》っている。「家出」を煽動する書を書いたおかげで、寺山の主宰する劇団「天井桟敷」には、全国からの家出人がたむろしていたという。

いま、それほど発言に影響があるオピニオンリーダーが活字の世界にいるだろうか。

昭和三十年代後半は「東京」歌謡曲不作の時代なのか、「明星」昭和三十七年九月号付録歌本『歌のサマー・プレゼント』には、「東京」と名のつく歌は「東京なんて嫌だよ」（北原謙二）と「東京の花売娘」（神戸一郎）のたった二曲で、「銀座」を含めれば「銀座の恋の物語」（石原裕次郎・牧村旬子）ほか三曲がどうにか加わる程度。低調だ。

ここで気になるのは、北原謙二が歌う「東京なんて嫌だよ」。「ネオンも冷たく瞳にうつる」東京が嫌だと歌っている。光り輝く「東京」を無責任に賛美する昭和二十年代前半とは、ちょっと趣きが異なってくるのである。

「平凡」昭和四十三年三月号の歌本は表紙がブルー・コメッツ。第二特集が「グループ・サウンズ・オールヒット曲集」でGSの台頭が目立つ。「今月のベスト20」にも、三位「北国の二人」（ブルー・コメッツ）、四位「いつまでもどこまでも」（ザ・スパイダース）が上位にあり、そのほか六曲がいわゆるGSの歌だ。「東京」とタイトルにつく曲はあいかわらず少なく、「東京波止場」（春日八郎）、「東京みれん」（新川二郎）、「東京へ」（秋美子）、「ラブユー東京」（黒沢明とロス・プリモス）ぐらいか。しかも、いずれも恋人との別れを歌う、しみったれた歌詞ばかりだ。異色は「東京へ」で、これは就職列車に乗って故郷を後にする若い女性の歌。「夢にみてた東京は　どんなとこだろ」と、まだ東京に夢を抱いている。

「明星」昭和四十四年六月号フロク「歌のヒットスタジオ」は、表紙が白いギターを抱いた森進一とじゅん&ネネ。ここで「東京」の歌において、一つの変化が見られる。岡林信康「山谷ブルース」、青江三奈「新宿サタデー・ナイト」、ブルー・コメッツ「雨の赤坂」、津山洋子・大木英夫「雨の新宿」、八坂明彦「山手線ブルース」など、上京者における夢見る大都会としての東京は、歌のなかではだんだん姿を消して、ピンポイントのよりリアルな東京が描かれている。行き着く先は、仲宗根美樹「銀座みゆき通り」で、とうとう一本の路地が歌われるまでになった。そんななか、津軽洋子・桂子の「汽車コさ乗って」は、三味線を抱いて都で花を咲かせよう、という「上京」ソングだが、「東京さ行くっぺナアー

汽車コさ乗ってヨ」と津軽弁丸出しで、歌詞だけ読むとまるでコミックソングだ。

集団就職の時代が終わると、歌のなかでも夢見る東京は歌われなくなった、ということか。歌は世につれ、と言うが、流行歌が世代を超えて、時代背景を背負って歌われる時代は、もはや二度と帰ってこない気がする。

旅と娯楽

大正時代の日帰り旅

森暁紅『一寸した旅』博文館　大正十年

言っても仕方ないことだけれど、これは手に取って実際に見てもらいたい本だ。大きさは今の新書と同じ。絵の描かれた布張り表紙で函に入っている。函の裏の絵は、遅れた客が汽車を追いかけている図。

著者は「もり・ぎょうこう」。昭和十七年に五十九歳で亡くなっている。大正期から昭和初期に活躍した編集者、演芸記者で、「落語研究会」第一次顧問も務めた人物だ。本書と同じような旅の著作も多い。『とぼけ行脚へそ茶土瓶』『鳥渡日帰り一泊二泊のんきな旅』『おもしろい旅』など、風変わりなタイトルの旅行ガイドを量産している。

明治五年に新橋―横浜間を鉄道が開通して以来、日本津々浦々まで急ピッチで鉄道が敷かれ、大正期に入ると、旅行は一挙大衆化する。そのため、手軽なガイドも必要とされた。明治期に『蒲団』で日本近代文学の口火を切った田山花袋も、大正期にはもっぱら旅行作家として活躍したのだった。

本書は「一寸した旅」と題されるように、大げさな旅は扱わない。

「私の旅は一寸した旅である。

忙しい勤務の暇、日曜の小半日とか、土曜の夕べから日曜にかけての一夜泊りとか、精々長くて、中二日泊っての三日の旅、其れ以上はできないのである」

と書かれている。しかも、「歴史をたよらず、古事を問わず、旧蹟を強いて踏もうともしない」、あくまで「暢気を主義とする」旅、と但し書きがつく。目的地までの移動しか眼中にない、明治初期の窮屈な旅が変質し、レジャー気分がこの頃より生まれてきたことが本書でわかるのだ。

毎日新聞社編『旅情一〇〇年　日本の鉄道』（毎日新聞社）によれば、「大正に入ると、国鉄の旅客誘致、旅客宣伝はいよいよ活発化し、いろんなポスターがつくられたり、運賃割引が行なわれたり、臨時列車がふえて国民の汽車旅行熱をあおった」と言う。大正三年に開業した東京駅には旅行案内所が設けられた。こうして旅行が大衆化していく。

東京を起点とした、気軽な旅の例として著者が挙げているのが、例えば「武州・大宮」（現・さいたま市）。明治維新から半世紀過ぎてなお、昔の国名（州）で書くほうが、一般読者には通りがよかったらしい。著者は大宮行きを「上野駅を昼飯後に立っても汽車は一時間の丁場」と記す。まだ石炭を焼《く》べて走る蒸気機関車の時代だった。いまなら普通列車に乗っても大宮まで二十五分しかかからない。これではとても「一寸した旅」気分は味わえない。

森まゆみ『一葉の四季』（岩波新書）によると、明治五年東京生まれの樋口一葉は、二十四年という短い生涯のうち、記録に残っているかぎり、東京を出たのは一度っきり。それが大宮だった。明治二十五年に、一葉は通っていた歌塾「萩の舎」の師匠・中島歌子のお伴で、大宮公園へ出かけた。「大宮は現在、東京の通勤圏であるが、森鷗外の『青年』にも見えるように、明治時代には上野駅から汽車に乗っての日帰りの行楽地であった」と森は書いている。

一葉が出かけてから約三十年後の大宮はどうだっただろうか。車窓の風景の描写がある。

「赤羽辺りまで大方は家続きで、工場の煙突などが忙しい感じを与えて（中略）、赤羽を過ぎると車窓へ吹込む風ものびやかに、野面を帯して戸田河原、遠く筑波根」と描かれている。そこからまた約九十年後の現在では、赤羽を過ぎても「家続き」だが、この辺りに工場が多く、すぐ先、荒川を越えれば「車窓へ吹込む風ものびやかに」というところは変わらない。

大宮で遊んで、夕食を食べて半日の費用も計算されている。

「汽車を二等にした所で、料亭で三品四品の夕食が女中の祝儀を込めて四円と見ればお銚子もあっさりと付くし、其他は氷川神社のお賽銭だけの事であるから、合計一人前六円位で済むのである」

　この「六円」を現在の物価換算するのは難しいが、大正十二年に丸ビル食堂の親子丼が五十銭、というところから換算して八千円から一万円ぐらいか。現在でもそれぐらいはかかるだろう。

「大宮」に続き、著者が東京からの「小半日」の旅として紹介しているのが、千葉の「稲毛」だ。

「稲毛の松林、海気館の離座敷、此地は海をひかえているので、さらに晴れやかな気分はするが、夏は海水浴の客で込合うので、小半日程度でのんびりしようとするには夏を除いた方がいい」

　失礼ながら、いまの千葉にそれほど魅力を感じない。新幹線の開通により、短時間で東北や北陸、あるいは関西方面へ旅行が簡単にできるようになり、それに比べれば交通の便が悪い千葉は、かえって近くて遠い景勝地となった。ところが、大正期から昭和戦前にかけてはそうではなかった。漱石、鷗外、藤村、田山花袋、国木田独歩と名だたる文学者が、避暑地として訪れ、その印象を書いて残している。

『一寸した旅』で注目したいのは「海気館」という言葉。何の説明もなしに使われているから、当時、かなり知られた施設だったはず。稲毛市のＨＰを見ると、これは「文人墨客に愛された別荘風旅館」であることがわかった。さらにもとをたどれば、明治二十一年設立の「稲毛海気療養所」というから驚いた。「海気」という言葉と、「療養所」というのが、現在の常識からするとつながらない。

　ちょっと脱線になりますが、じつは明治期の「海水浴」というのは、遊び、レジャーというより「治療法」だったのだ。海水に含まれる成分が、各種の疾病の治療に効果があるとされていた。だから、泳ぐというより、海の中に、温泉のように浸かったんですね。「療養所」だった頃の「海気館」には、常駐の医者がいたようだ。

　こんなふうに、一つの見知らぬ言葉を追いかけていくと、思わぬところから過去の扉が開かれていく。そこが古本を繙くおもしろさだ。

　なおこの本、ルポふうの記述は最初の一章だけで、あとは二人連れによる漫才ふう、小説ふうとスタイルが変わってくる。「何と泉岳寺」では、太鼓持ちの馬光が、その旦那宅へ縁側から現れるのが始まり。軽薄な調子で馬光は言う。

「梅に早いとは申しながら、此暖かい気まぐれ日和に、なんぼ若隠居というお身の上だと言って、唯茫然として隠れ居るなんざあ、とっても御神妙過ぎやす」

　ここで、「とっても」という言葉が、前後に関係なくつけられる「近ごろの流行詞」と解説される。今でいうならさしずめ「超（チョー）」と同じ使い方か。このあとにも「公設市場のビスケットとは何事でげす、ああとっても、情けない」と、また使われる。

大人はすぐに、いまの若い人たちの言葉の乱れを批判し嘆くが、どうやら大正期にも、かなり自由な言葉づかいが蔓延していたらしい。

日本風ゴルフ

上原敬二『ベビー・ゴルフ』春陽堂　昭和五年

藍ちゃん、さくらちゃん、ハニカミ王子……などと言われると、お伽の国に迷い込んだような気配だが、これがいまの日本ゴルフ界を支える主役たちだ（二〇〇七年当時の話です）。彼らがトーナメントに出場すると、スポーツニュースで大々的に取り上げられる。

しかし、日本のゴルフ人口そのものは減少中。一九九四年の一四五〇万人をピークに、二〇一〇年には一〇三三万人まで落ち込むと見られている（JGA日本ゴルフ協会HPによる）。日本のように国土が狭く、山だらけの国に、そもそも広大な草地を必要とするスポーツは合わないのじゃないか。

ゴルフ雑誌もゴルフの本も手に取ってみたことがない私だが、昭和五年に出たゴルフの本なら買ってしまう。そこに何かがありそう、と思うからだ。

昭和五年に東京市の人口は二〇七万人を突破、都市文化が花開く。この年、ブームとなったのがマニキュアとコリント・ゲーム、そしてベビー・ゴルフだ。本書『ベビー・ゴルフ』は、急増してきたベビー・ゴルファーたちの要請に応じ、競技の説明をするとともに、経営者のためのゴルフ場設営や手入れの仕方などを教える。

安田信託銀行が創立五十周年を記念して出した『昭和の横顔』（読売新聞社・昭和五十年）によれば、日本人のためのゴルフ倶楽部が生まれたのが大正三年。東京・駒沢に造られた九ホールだった。しかし利用者と言えば、大谷伯爵、鍋島侯爵、近衛公爵、細川男爵、相馬子爵と「爵」つきの上流階級ばかり。昭和に入ってようやく大衆化が進み、多摩、川崎、大島、柏、小樽などに倶楽部が次々とオープンし、昭和六年には千葉県・藤ケ谷コースで「第一回　日本プロ選手権」が開催される。

それでもサラリーマンが休日にクラブを握ってコースを回るには金がかかる。ゴルフ場が少なく特権的なスポーツだった昭和初年にはなおさらだろう。そこで、敷居の低い「ベビー・ゴルフ」が輸入された。この本が出た年の昭和五年十月十一日付「東京日日新聞」（毎日新聞の前身）に「ベビー・ゴルフ場　東京芝浦に誕生」の記事が掲載されている。

「日本にもベビー・ゴルフ場が誕生しました。芝浦ガード際に出来た下羽寅吉氏経営の小形ゴルフ・クラブがそれ。敷地は約七十坪で十八ホールス、スタートに障碍（バンカー）が設けてないが、二番目からは工夫された日本趣味を表す障碍が設けてある」

これが日本最初のベビー・ゴルフ場らしい。ベビー・ゴルフはゴルフ・ガールという新しい女性の職業も生む。つまり、いまで言うキャディーのこと。ただし、使うクラブは一本だった。エレベーター・ガール、バス・ガール、ステッキ・ガールと、この頃、「〇〇ガール」というのが流行ったのだ。昭和六年九月から「函館毎日新聞」紙上で始まった「職業婦人戦線」シリーズには「ゴルフ・ガール」が登場。「最近市内で大流行の室内スポーツ」とベビー・ゴルフを紹介している。昭和初年に、全国でベビー・ゴルフ場が誕生したことがわかる。

昭和七年一月号「婦人公論」では、宮本百合子が「ゴルフ・パンツははいていまい」という一文で、「日曜日ごとにゴルフとまでは行かないプチブルらしくベビー・ゴルフというものへ、半ズボンをはいて行く」とからかっている。宮本百合子とベビー・ゴルフという組み合わせがいいねえ。やはり、ゴルフに手が出ない層の代用ゲームだったようだ。

ただ、『ベビー・ゴルフ』の著者・上原敬二は「ベビー・ゴルフはやはりゴルフの一種にはちがいないけれど、それとは又変わったゲームとして考えられるべきものです」と断っている。ここがおもしろい。

ベビー・ゴルフ発祥のアメリカ式をそのまま輸入したのではない。そこに「和」力が加わる。アメリカのコースは、コンクリートの上にカーペットを敷く方式だが、雨の多い日本では、代わりに土を固め、その上からオガクズを撒いてコースを作ったという。アメリカのそれが、機能的で殺風景だったのに対し、日本ではそのほかにも、芝生を植えるなど庭園的設計がなされた。日本流にアレンジしたわけだ。

著者の上原敬二（一八八九〜一九八二）は、日本造園学の創始者として知られる人物。だから、こんな記述があるのだ。

「先ず造園的な背景の技巧としては、環境の風景であって、其の環境の樹木、地物が上手に利用されなければなりません」。造園学に「借景」という方法があるが、それをベビー・ゴルフ場にも取り入れている。

「内部に多数の樹木や植物の類を植栽することが出来ない為に、自然そうした借景を重用しなければなりません」と上原はアドバイスしている。
外来の文化を輸入するとき、ちょっと自国風のアレンジを施す、というのは日本のお家

芸。箱庭のような日本庭園でゴルフを楽しむ。たしかに、それは本式のゴルフ場にはない風情だったろう。現在のパターゴルフにこの風情があるのかどうか。

ハイキングこそ最高の楽しみ

松川二郎『日がへりの行楽』金正堂　昭和十一年

いま、中高年のハイキングブームがテレビや雑誌でさかんに取り上げられている。実際、ちょっとした低山や鎌倉のような観光地を、ゾロゾロと群をなして歩く中高年をよく見かける。駅のホームでも、次はどこへ行こうなどと話し合い、その元気さに中高年の入口にいる私など、いささかたじろいでしまう。

江戸時代にも「物見遊山」といって、郊外や景勝地を訪ねる習慣はあった。しかし、桜や梅を見るとか、神社仏閣に参るとか、たいていは目的があってのことだった。現在のように、ただむやみにあちこちに出かけていっては歩き回り、帰りにうまいものを食べるという習慣はなかったはずだ。

近場の行楽として、野山を歩くことがハイキングやピクニックと名づけられて流行するのは、大正から昭和初期にかけてのことらしい。ちょうどこの頃、鉄道網が整備され、郊外に伸びて行くのと関係している。また乗合自動車（現在のバス）やタクシーなどの普及も、庶民の行動範囲を飛躍的に広げることに手を貸したのだ。

川本三郎『映画の昭和雑貨店　完結編』(小学館)によれば、昭和十年に古賀政男作曲の「ハイキングの唄」(作詞・島田芳文)がヒットし、これで「ハイキング」という言葉が定着したという。そう言えば、古賀政男の代表曲「丘を越えて」は、彼が明大マンドリンクラブの仲間とハイキングに出かけた際、浮かんだメロディーがもとになっているとどこかで読んだ。

昭和七年には専門雑誌「ハイキング」が創刊される。一年間のロンドン滞在を終えた石川欣一が、昭和十年に帰国してみるとハイキングが大流行しているのに驚いたと「改造」に書いている。

昭和十一年刊の『日がへりの行楽』は、そんな需要をもとに作られた。著者の松川二郎は、明治二十年生まれの旅行作家。読売新聞の記者だったこともある。この人、昭和初年に『名勝温泉案内』『全国花街めぐり』『武蔵野をたづねて』『近畿日帰りの行楽』『療養遊覧新海浜案内』といった旅行書をやたらに出している。しかもよく売れたようで、古書即売会などでいまだによく著作を見かける。

『日がへりの行楽』は、各鉄道沿線別に、関東一円の神社仏閣、名所旧跡、景勝地、遊園地などの紹介を六六六ページにわたって網羅している。当該地へのアクセスはもちろん、歴史的背景や見どころ、名物やおすすめの宿やお食事処までをガイドしてなかなか親切。写真も多数収録されている。

ちょっとなかを読んでみるとこんな感じ。

「郊外散策の真のおもしろ味は、ただ漫然と、的もなく郊外をさまよい歩くところにある。即ち漫歩そのものである」。あるいは「『何処へ往こうかしら？』そんなことを思い煩う必要はない、兎に角郊外電車を利用して先ず郊外に出でよ、停留所に降りたら如何な道でもかまわない真直ぐ野の方へ出てゆくがよい」などと書いている。

無責任のように見えるが、これこそ、昭和の大衆に生まれた「気分」である。

前年の昭和十年の六月一日、小田急電鉄が新宿・小田原間に「週末温泉特急」を運行する。これは小田原までノンストップだった。七月十五日には、東京・下関間を走る特急「富士」に「お風呂列車」が連結される。これはどういうものかわからないが、風呂につかりながら動く列車ということだろうか。いずれにしても、ここから郊外へ向う大衆の浮かれた気分がうかがえる。

また、このころ膨張しつつあった川崎から横浜の工業地帯をビューポイントに入れている点が目を引く。

「芝浦製作所の如きは一棟に一万五千の従業員が働いている。正に国際的工業都市の偉観。他にはちょっと類のない近代的文化風景」と絶賛する。「芝浦製作所」とは「東芝」の前身。いまでもＪＲ鶴見線「海芝浦」駅は、東芝京浜事業所の専用駅で、海に面した駅として人気がある。その駅名に「芝浦製作所」の名残が見られる。しかし、いまでこそ「工場萌え」などと言って、工場見物をする人が増えているが、昭和初年に、神社仏閣や景勝地と並べて「工場」を行楽地として捉えるセンスがすごい。

松川の手にかかると、東伏見稲荷のコンクリート製の鳥居さえ「現代武蔵野にふさわしいモダーン風景」となる。この感覚の新しさが、松川を昭和初期の人気旅行作家に押し上げたのだと思われる。

この本が出た昭和十一年は、こうした浮かれた気分を伝えるにはぎりぎりの年で、十三年ごろのハイキングのパンフレットを見ると、そこには「銃後の人々よ。歩こうでは無いか。歩く事によって国土の認識も獲られる。歩く事によって心身の健康も克ち得よう」と、戦時の国策色が強くなってくる。

これが戦後になると、また「気分」が変わる。昭和三十五年公開の小津安二郎監督「秋日和」に、ヒロインのアヤ子（司葉子）が会社の仲間と浅間高原へハイキングにでかけるシーンがある。ここでアヤ子は、同僚の杉山（渡辺文雄）から、後藤（佐田啓二）を紹介するからと言われる。現在より出逢いの少ない若者たちの、合コン的な役割をハイキングが果たしていた。ハイキングひとつにも時代は映るのだ。

あなたの歩き方はまちがっている?
伏島孔次編『正しい安全な歩き方』交通協会　昭和十年

東京古書会館で開かれる古書即売会で箱の中からこれを見つけた。三十ページ強の薄い小冊子で、吹けば飛ぶようだ。単行本のほうで大いなる収穫があった時は、こういった宝探しのような箱にまで手が及ばない。唇寂しいときに口に放り込むあめ玉みたいな買い物だ。

『正しい安全な歩き方』を「吹けば飛ぶよう」とは書いたが、タイトルと表紙のインパクトは強く、ずしりと豪速球で、向うから私の胸に飛び込んできた。

表紙に自動車にひかれそうになって驚く子どもの絵があるから、これが交通安全の本であることはすぐわかる。注目はタイトルの「正しい安全な歩き方」。それだけ見れば、正面を向いて足を右、左と順番に出して……と、「歩き方」の作法を指南した本のように思える。興味深いことに、同じ日に買った「少年倶楽部」フロク「僕等の物しり宝典」(一九三八年)に、偶然だが「正しい歩き方」という項目があり、こっちは「上体を真直ぐにして、足を伸ばし軽い足どりで歩くこと」と、本当に「歩き方」が書いてある（そんな小学生、通学中に見たことがないが）。もちろん、そんな「歩き方」だけでは一冊の本にならない。

本書の序（伊藤昌庸・東京市教育局長）に「本書の出現は歩行者にとっては、其の交通事故を一掃する、好個の羅針盤を与えられたものと信ずる」とあるように、この本が出た昭和十年ごろ、日本でもすでに自動車による交通事故が増加し、問題視されていたことがわかる。巻末に過去十年の「交通事故統計表」が掲載されているが、大正十四年（一九二五）に事故件数一万五四〇四、負傷数九二六六、死亡数一八八だったのが、昭和九年にはそれぞれ、三万三八五一、二万五一五、五二九と飛躍的に増えている。

戦後、高度成長期に交通事故による死者数は加速し、一九七〇年には史上最悪の一万六七六五人に達する。年間死亡者数が戦争に匹敵することから「交通戦争」と呼ばれたことも記憶に新しい。それから比べると、昭和九年（一九三四）の五二九人は牧歌的とも思える数字だが、それまで車など気にせず悠々と往来を歩いていた人たちからすると由々しき問題だったのだ。それでこういう本も作られた。

ここで思い出すのが、「柳生武芸帳」で一世を風靡した人気作家・五味康祐のこと。五味は昭和四十年、四十三歳のとき、老婦人とその孫を車ではね両名とも死亡させている。武田百合子『富士日記』の昭和四十年七月二十七日に「一昨日、交通事故で二人をひき殺した作家G」とあるのは、このことを指す。作家が車で死亡事故を起こしたのは、おそらく日本文学史上初めてのことではないか。翌年、執行猶予五年禁固一年六月の判決が下り、実刑は免れるが、この判決に際し、志賀直哉を始め日本文壇の有力者たちが嘆願書を提出したのだ。

本書では初めに「交通唱歌」が楽譜つきで紹介されている。一番は「青いあかりは赤に変われば　気をつけましょう守りましょうよ　進めの標示みなとまれ　信号をこの秩序」。歌で交通ルールを教えている。三番まであるが、いずれも最後は「この秩序」で終る。「秩序」が重要だったのだ。

私は昭和三十年代に幼少期を大阪で送っているが、幼稚園で教わったのが〝信号の歌〟。記憶（まちがいがあるかもしれないが）ではこんな歌詞だった。

「渡ろう渡ろう　何見て渡ろう　信号見て渡ろう　赤・青・黄色　青になったら

渡ろう　赤ではいけない　黄色はまあだだよ」

「秩序」なんて剣呑なことばは、もう使われなかった。私が通ったのは大阪市北区にあった「光幼稚園」と、すぐ近くの「菅北小学校」（昔のままの姿で現存）だが、通園通学する途中に、信号は一カ所しかなかった。「信号の歌」は大して役にたたなかったのである。

『正しい安全な歩き方』は絵本ふうになっていて、絵入りで簡潔に「この秩序」を解説する。目次に並ぶ項目は、道路、左側通行、横断、踏切、信号、自動車、市内電車と乗合自動車、汽車と郊外電車、遊戯と続いている。

ここで、あれ？　と思うのは「左側通行」。「道路は左側を通ること」とある。この時代、人間は道路の右ではなく左を通っていた。自動車も左。後ろから急に近づいた自動車を避けようがない。そのため、のちに人は右、となったのか。人は右、車は左の対面通行になったのは、第二次大戦終結後だと言われている。さらに言えば、江戸時代も左側通行が慣例で、これは武士が腰に差す刀が左側であったため、すれ違う際にぶつからないように、という配慮だった。よく東西の比較の際に指摘されるエスカレーターで「東京は左、大阪は右」も、江戸が武士の町だった時代の名残りだという論さえある。ちょっと怪しいですけどね。

だから、明治維新から昭和の戦前戦中にかけて、ヨーロッパやアメリカに渡航した日本人は、現代ほど左側通行に戸惑わなかったと想像できるのだ。「横断」では、道路の向こう側へ渡る際の注意がある。「向こう側へ往く時は、先ず右を見て、次に左を見て下さい」とあるのも、車が右から左へと走ってくるからだろう。「歩道は安全ですが、車道は弾丸が飛んでくるようなものですから。そこを渡るのに、右と左を見ずに踏み出す事は、全く『命知らず』です」と脅かしている。

それから幾星霜、まさか交通事故の死亡者数が一万人を超えるなんて、思ってもみなかったろう。

縄跳びの本に隠れたもう一つの顔

平岩勇一『遊戯競技マスゲーム　新しい縄とび百種』啓文社　昭和十二年

「縄跳び、放りだして、見つけた背中にお帰りなさい」と、一青窈の「影踏み」という歌のなかにある。戸口で、あるいは家から続く路地で縄跳びをしていると、母親が帰ってきて、そこに娘が駆け寄る。そんな光景が思い浮かぶ。

たしかに、かつては路地や空き地で、少女たちが縄跳びをする光景をよく見かけたものだ。まず体育遊戯の道具として、縄跳びの縄はもっとも安価で、しかも場所を取らない。一人でもできて、複数でもできる。ボクシングのトレーニングとして活用されるように、けっこう激しいスポーツなのだが、歌に登場するときは、哀愁を帯びた風景に変わる。

いまでは、ネットで検索すると二十種以上の縄跳び指導の本が出ているが、おそらく日本における最初がこの『遊戯競技マスゲーム　新しい縄とび百種』だ。これを大阪の古本屋「ハナ書房」で買ったのは、まずはその函に描かれたデザインに引かれたから。次に、ようやく「新しい縄とび百種」とは、どんな本かと手に取ったわけだ。本文一八〇ページの薄い本だが、ハードカバーの頑丈な造本だ。

冒頭の「はしがき」を読むと、著者がこの本を書くにいたった、縄跳びにかける情熱と意気込みが伝わってくる。平岩勇一はこう言う。

縄跳びが「体育的効果と大衆的運動要素とを多分に具有する点に於いて、現今の体育運動中最も特徴を有するものである」と、まずはその長所と存在意義を高らかに掲げる。しかし「比較的簡単平易なるものにて種目も少なく、為に今日直縄跳と云えば一般に小学生か女性の占有物の如く考えられている事は、甚だ遺憾に思わざるを得ない」としている。

やっぱり、昭和十二年でも、縄跳びはオンナこどもの遊び、と考えられていたらしい。その認識は、現在でもあんまり変わっていない。

著者の平岩は、体育学校在学中に「世界的力士」と言われた北畠義高が縄跳びを使ってその力技を示したことに感心し、一人研究を続けてきた。東京府立第九中学校に体育教師として赴任して以来、生徒に実践指導を続けた成果がこの一冊にまとまったというわけだ。通常なら一年は使える縄がわずか二カ月で使用不能になったというから、その指導の熱心さがわかる。

本書では、縄跳びとは何か、に始まり、その肉体的精神的効果、縄跳びの基本的な動作、跳び方の各種説明、マスゲームなどが写真、図解入りで入念に解説されている。著者が勤務する府立第九中の校庭で、著者とその教え子をモデルに撮った写真がある。時計台を持つ左右対称の勇壮な九中のコンクリート建築の校舎が背景に写っている。旧制府立九中は、現在の都立北園高等学校（都内有数の進学校）の前身で、昭和三年に開校。加賀藩前田家の下屋敷跡に建てられた。

府立九中（北園高校）からは、錚々たる顔ぶれが巣立っている。文芸畑・学者では原卓也、菊地昌典、種村季弘、松田政男、高柳重信、喜多嶋隆、斎藤貴男など。演劇畑では多々良純、鈴木忠志、江守徹、吉田日出子など。政治家や実業人の名は端折るがこちらもなかなかのものだ。

この本が出たのが昭和十二年。六年の満州事変を皮切りに、日本は泥沼の日中戦争にはまりこんでいく。十三年には国家総動員法が施行され、すべてはお国のためとなり、個人というものが失われたのだ。

何が言いたいか。じつは府立九中は、忠君愛国教育、軍隊式教育をもっとも取り入れたモデル校だった。縄跳びにかける平岩の情熱にウソはないだろうが、どうもこの本が出た背景には、「聖戦へ　民一億の体当り」といった、国に殉ずるための訓練の匂いがするのである。

果たして「結語」には「即ち、個人より国体に、国体より集団へ、可及的運動性を具備する事に依って」などの生々しい言葉が並ぶ。「ジャンケン遊び」を解説する章で、制服に鉢巻き姿の少女たちが向かい合って縄を跳ぶ楽しい写真もあるが、彼女たちもやがて戦火に巻き込まれていく。

レコードにもなった早慶戦

和田信賢『放送ばなし　アナウンサア10年』

青山商店出版部　昭和二十一年

「夕闇迫る神宮球場、ねぐらへ帰るカラスが二羽、三羽」と聞いて、松内則三《のりぞう》の早慶戦と答えられる人は、すでに相当のお年だろう。大正十四年（一九二五）に東京中央放送局（現・NHK）に入局した松内則三アナウンサーは、ラジオのスポーツ放送で主に活躍、とくに早慶戦の実況で有名だった。

夏の甲子園と東京六大学野球の実況放送が始まったのが昭和二年。プロ野球の隆盛は戦後の青バット・大下、赤バット・川上あたりからで、それまでは「六大学」、とくに「早慶戦」人気が高かった。その六大学野球の熱戦ぶりを七五調の美文で伝えたのが松内。「早慶戦」の実況はレコードとなり、十五万枚を売った。冒頭の描写はあまねく知られ、その後は、実際に飛んでなくても「カラスが二羽、三羽」とやらないと聴取者が納得しなかったと言われている。

昭和十一年ベルリンオリンピックで「前畑がんばれ」を連呼した河西三省、マダムキラーと言われた低音美声の竹脇昌作（俳優・竹脇無我の父）、昭和十八年「雨の神宮外苑学徒出陣」を実況した志村正順、戦後に「街頭録音」で夜の女たちの声を盗み録りした藤倉修一と、当時は子どもでもその名を知るアナウンサーたちだった。NHKアナウンサーがスターの時代があったのだ。

私はそんな時代を検証すべく、藤倉修一『マイク余談』、春日由三編『アンテナは花ざかり』、高橋圭三『私の秘密』、宮田輝『おばんです』等々、NHKアナウンサーに関する著作を蒐集している。なかでも、日本のラジオデイズを飾る一番星が和田信賢だ。その生涯は、後輩・山川静夫による評伝『小説・和田信賢　そうそう　そうなんだよ』（日本放送出版協会、文春文庫、岩波現代文庫）にくわしいが、これほど大衆（とくに女性）に人気のあったアナウンサーは空前絶後だ。本名・信賢の読みは「のぶかた」だが、だれもそう呼ばず、音読みで「シンケン」と呼んだ。愛称の読みが本名を追い越すようになると本物だ。

『放送ばなし　アナウンサア10年』は、戦後、NHKを辞めた和田（のち復帰）が、自分のアナウンサー生活を振り返った貴重な本。例えばこんな話がある。

昭和十一年、日本で初のプロ野球放送（当時は「職業野球」）の第一戦を、和田と先輩の松内が交互に掛け合いで放送することになった。いま考えれば、アナウンサー二人による実況は不自然だが、スポーツ放送黎明期にはこういう試みも行われた。

ところがこれは大失敗で、二人の言葉がぶつかりあって、わけがわからなくなった。三回が終わったところで、この方法は中止となる。そのとき、松内がセンター後方を指差す。見ると折しもカラスが五、六羽飛んでいる。和田はすかさず松内のお家芸を奪って「夕闇迫る神宮球場、既にねぐらに急ぐ鳥二羽三羽」とやった。

こんな洒落た放送、聞いてみたかったなあ。

また、昭和二十年八月十五日の敗戦の詔勅、いわゆる「玉音放送」の担当アナが和田だった。歴史に大文字で刻まれるこの決定的瞬間を、聞く側から伝えた証言は無数にあるが、伝える側からは少ない。事前に天皇により吹き込まれた録音盤を巡り、徹底抗戦を主張する軍部との息詰まる駆け引き（「八・一五事件」と和田は呼ぶ）を描いた章は、さながらサスペンス小説のようだ。なお、昭和十六年十二月八日朝、太平洋戦争開戦を伝える臨時ニュースを読んだのも和田だ。これも数時間前に情報局からの示達がある、という急なことだった。前後に軍艦マーチをかけたのも、和田の機転で、以後戦況の発表はこの手が使われた。

思えば、昭和十四年一月十五日、両国国技館で双葉山七十連勝を賭けた大一番を伝えたのも和田だ。「双葉山敗る、双葉山敗る、双葉山敗る……」と、聞き手が一番知りたい大事なことを連呼して名放送と言われた。

昭和二十七年、ヘルシンキオリンピックの実況のため渡欧した和田は、その帰途、パリで客死するのだが、『放送ばなし』の著者はまだそのことを知るよしもない。享年四十。

ラジオがもっともホットなメディアだった昭和前半。つねに時代の興奮を伝えてきたのが、和田信賢はじめＮＨＫのアナウンサーたちだったのだ。

もう一つの文化

玉置真吉『マンボの踊り方』楽友社　昭和三十年

マンボどころか、ダンスのつくものは、小学校のフォークダンス以外に踊ったことがない。それでも、こんな本を買うのは玉置真吉だからである。玉置真吉の名前は古本で覚えた。昭和初年発行の「社交ダンス」の本は、たいてい著者が玉置で、かっこいい装幀の本が多い。ついつい手にとって、数冊買った。いわゆるダンスの教則本で、さまざまなスタイルを、足形のイラストで移動を示しながら、文章で解説しているものがほとんど。しかし、ダンスを文章で説明するのはひどく難しいです。たとえばこんなふう。

「即ち前進中右廻りする場合に、右足を出し、左上体を出す時は、右爪先が軸になり、左上体はリムのように右に廻りつつ、軸である所の右爪先から、離れ去るような力を感じを持ち、婦人の背を支えている男の右手には、婦人が後方に離れ去ろうとするような力を感じるものである」（『直ぐに踊れる　社交ダンス独習（ワルツ）』銀座書房・昭和六年)。

と、これはターンを文章で示したもののようだが、さっぱりわからない。映像で見せたら、ああなるほど、と納得いくことが、字数を費やせば費やすほど、難解になる。もっとも、ある程度、社交ダンスの下地がある人にはこれで充分、なのかもしれない。ところで、玉置について、くわしいことはわからない。わかっているのは、やたらに「社交ダンス」の本を出していることくらい。各種人名事典も、ダンス教師までは手が及ばないのか。

永井良和『社交ダンスと日本人』(晶文社)には、さすがに玉置の名前がよく出てくる。大阪で起こった「ダンス熱」が横浜、東京と伝播してゆき、「ジャズ音楽とフォックストロットが流行し、一九二一(大正十)年には市内に多くの同好会が組織された」とある。そんな「社交ダンス普及の端緒に立ち会い、のち自らもダンス界の指導者となる」のが玉置だった。「明治学院大学神学部出身で敬虔なクリスチャンであった玉置は、青春時代を数奇な運命に翻弄され、一九二一(大正十)年に開校した文化学院に『庶務主任兼助教諭』として就職する」。

「文化学院」の名前が出てきたのには驚いた。私が週一日、中央線「御茶ノ水駅」から神保町へ向うとき、明大通りの坂を下るのだが、ときおり寄り道して脇道へ入る。なぜならそこに「文化学院」があるからだ。いまは建て替わったが、かつて中世の僧院を思わす外観の建築を見るのが楽しみで、ときどき侵入して中庭のベンチに腰掛けることもあった。「文化学院」の話を始めると、また長くなるから省略するが、黒川創が書いた、創設者の西村伊作の評伝『きれいな風貌――西村伊作伝』（新潮社）を読んでいたら、意外なところに玉置真吉の名前が出てきた。

西村は明治十七年に和歌山県の新宮で生まれているが、早くに両親を亡くし、叔父の大石誠之助に保護される。大石は、大逆事件に連座し、処刑された医師だった。新宮は大石宅を中心に社会主義思想の温床となり、東京で弾圧された仲間が次々と新宮を訪ねてきたそうだ。玉置も大石宅に出入りしていた青年の一人。当時、二十四歳の彼は小学校の教師をしていた。玉置の郷里は熊野川の上流にあった小さな集落（現在の地名で言えば、熊野市紀和町花井）。玉置は和歌山県内の小学校に奉職していたが、「新宮に近い天満小学校で勤務しているとき同僚の女性教師と親しくなったことが問題とされ」、小さな小学校へ飛ばされたという。大石は玉置に同情し、引き裂かれようとした二人の結婚式を挙げさせた。教師同士とはいえ、なぜ同じ職場の自由恋愛が許されなかったか、今の時代からはわからない。

おもしろいことに、社会主義者の仲間たちから、玉置は「バザ」とか「バザロフ」と呼ばれていた。これは「ツルゲーネフ『父と子』の主人公、ニヒリスト青年のバザロフになぞらえたものだった」。後年の「ダンス王」の若き日に、そんな一面があったとは。こうなると『きれいな風貌』で引用されている玉置の自伝らしき『猪突人生』を読みたくなるが、巻末の資料一覧を見ると、「玉置真吉伝刊行会」一九六二年五月刊、とある。どうやら非売品らしい。いくつかの古書の検索サイトにも引っかかってこない。

当然ながら、玉置は大石を通じて西村伊作とも親交があったのだろう。そんな縁もあって、のちに玉置は文化学院の初代庶務主任を務めることになった。

さて『マンボの踊り方』だが、「世を挙げマンボ時代である。先般東京のフロリダで『マンボスウビ』の講習会をやったら非常に大きな反響があり、地方の人々からも質問や讃辞やらを沢山いただいた」と「序」にある。いや、「序」ぐらいしか、私には読むところがないのだが。

「フロリダ」は東京・赤坂溜池にあったダンスホール。昭和四年八月にオープンし、東京の、というより日本のダンスホールを代表する場所となった。ウィキペディアによれば、あの桑野通子（「有りがたうさん」「淑女は何を忘れたか」のモダンガール）は、この「フロリダ」のダンサーから、松竹に引き抜かれたという。「フロリダ」は、戦前戦中の日本ジャズ史を繙く時、欠かせない名前だった。

「マンボ」が日本で流行したのは昭和二十年代の終り頃、と推定できる。というのも、流行歌のタイトルにやたら出てくるからだ。「お祭りマンボ」（昭和二十七年）、「銀座マンボ」（昭和二十八年）、「さいざんす・マンボ」（昭和二十八年）といったところ。トニー谷がソロバン片手に「ざんす、ざんす、さいざんす」と歌い踊っていたが、たしかにあれはマンボだった。

昭和三十年に東京の業者が発売したお菓子は「フルーツマンボ」と名づけられた。ビニールチューブに粉砂糖を詰めたもので、歯でしごいて出したらしい。我々、昭和三十年代前半生まれ組の時代、駄菓子で売っているのは、ストローにゼリーを詰めたものだったが「フルーツマンボ」とは違うようだ。

マンボ流行の頂点は、昭和三十一年のペレス・プラード楽団来日。「マンボNo.5」などのヒット曲をひっさげ、一挙に「マンボ」ブームを作った。ペレス・プラードはキューバの出身。ルンバにジャズの要素を加え、「マンボ」のリズムを創出したという。加藤茶の「ちょっとだけよ」のバックでかかった「タブー」もペレス・プラードの演奏で有名になった。ペレス・プラードは、踊りながら指揮するスタイルで有名だったらしく、我々が知る「踊るバンマス」スマイリー小原は、あるいはペレス・プラードの影響か。

なお、玉置真吉は鏡心明智流という剣術の達人でもあった。剣で鍛えた体の動きは、ダンスにも応用されたのだろうか。昭和二十一年『社交ダンス必携』が大ベストセラーとなり、ダンス教師・玉置の名は全国に知られるようになる。玉置真吉の評伝が一冊ぐらい、あってもいいのではないか。

めずらしかった女性ドライバー
「for Lady」第九号　ブリヂストンタイヤ　昭和四十五年

「一ヒメ、二トラ、三ダンプ」と、かつて言われた時代があった。危険なクルマの運転をするトップスリーだ。その「一ヒメ」が、つまり「女性」。運転免許取得者の四割以上が女性となり、タクシー、バス、大型トラックの女性運転手が珍しくない時代となった現在、さすがにこの悪口は聞かれなくなったが、「女性の方が男性より運転が下手」と、なんとなく一般的に思われている。

ちなみに世界初の女性ドライバーは、自動車発明者の一人、カール・ベンツの妻ベルダが、明治十八年（一八八五）に夫のクルマを運転した記録が残っている。日本では大正七年（一九一八）に渡辺はま子が運転免許を取得（あの「ヘサンフランシスコのチャイナタウン」と歌った歌手とは別人）。日本で運転免許制度ができてから十年目のことだった。渡辺さんの運転技術は優秀であったそうだ。

昭和四十五年時点で、女性のドライバーがそろそろ増え始めていたのではないかと想像するのは、こんな本を見つけたからだ。タイヤメーカーのブリヂストンタイヤが出した「フォア・レディー」で、「女性のためのドライブ手帖」と副題がついている。そう言えば、寺山修司の詩集など升型サイズの「フォア・レディース」シリーズが新書館から出たのが昭和四十年代からだった。「ス」が抜けた、この「フォア・レディー」のサイズは四六判と呼ばれる標準的単行本よりひとまわり小さく、全八十四ページ、ハードカバーで紙質もよく、カラー写真も多数収録されている。定価は表示がないから非売品で、たぶんドライブインなどで無料で配られたと思われる。私が入手したのは第九号。一月から六月まで使えるようになっているから、半年に一度、発行されたようだ。となると創刊はおそらく昭和四十一年。

　昭和四十年代前半は「女性」がクローズアップされる時代、と言ってしまっていいだろうか。こんなデータもある。

　安田信託銀行が昭和五十年に出した『昭和の横顔』で、協議離婚が「急激に増えはじめたのは昭和42年頃から」と指摘されている。「夫の離婚申立て理由で『妻の異性関係』が二位を占めたり、妻からの申立てによる離婚が増えているのが、戦後の離婚劇にみる、強くなった女性の姿」とある。女性が助手席から運転席に移り、車のハンドルを握るというのも、「強くなった女性の姿」を象徴するのではないか。

　本書では、各月ごとに「今月の走行メモ」という、走行キロなどを記入する表があり、巻末にも「交通違反の点数制度」、「車検簿」などがあって実用向けに作られている。中身もなかなかのもので、雑誌でいう巻頭グラビアに当たるページでは、詩と写真を組み合わせた「フォト・ストーリー」、「東名高速道路のドライバーマナーは……」、「冬の車の手入れあれこれ」などの実用ページに、「メキシコ・ドライブ」などの写真ルポが続く。

いかにも「フォア・レディー（女性のための）」らしいと思われるのは、「ドライブクッキング」という料理ページや、「春先のニットウェア」といったファッションページがあることだ。たとえば後者。

「さて、山々のみどりが芽ぶくころ、早咲きの花の香りを風に感じるころ、もう部屋でじっとしていられなくなるあなた。愛車を駆っていちはやくドライブにでる……そんな時、ニットのドライブ・ウエアはいかがでしょう。（中略）からだの一部のように感じられるニットのフィーリングは、着ていて思わずハミングがでる楽しさです」

解説はあの芦田惇（服飾デザイナーとして有名な芦田淳の本名）。「フィーリング」「思わずハミング」などの用語、表現が大阪万博で沸き立ったあの時代を彷彿とさせる。

そして最後に、タイヤ会社らしく「足もとはおしゃれのポイント」というタイトルで、タイヤの宣伝をさりげなくしている。「『白たび』というのは、吉田茂元総理のあだ名ですが、そのダンディズムが足もとのおしゃれで象徴されたわけです」という導入部から、もっとタイヤに関心を持とうと、やや強引に話が進んでいく。まあ、無料で配られている本なのだから、これくらいの宣伝は仕方ないだろう。

ぼくだけの旅のバイブル
『21世紀版　全国古本屋地図』日本古書通信社　平成十三年

若い頃、貧乏だったせいもあって、あまり旅をしなかった。いや、「青春18きっぷ」を使ったり、金をかけない旅もあるわけで、要するに身体を動かすのがおっくうだったのだ。

三十代前半から雑誌の仕事をするようになってからは、地方へ出張する機会が増えて、これまでに日本国中、ずいぶんあちこちと出かけた。今は旅をするのが楽しくて仕方がない。そして私の場合、取材など仕事が終ると、すぐさま地元の古本屋へ駆けつけるのがおきまりのコース。いつかそれも仕事になって、「彷書月刊」という書物雑誌に、「気まぐれ古書店紀行」という古本屋探訪の連載を持つまでになった。同誌は、二〇一〇年十月号をもって休刊し、連載も終った（いまは「昨日も今日も古本さんぽ」とタイトルを改め、「日本古書通信」に引き継がれ、連載中）。

そんな私にとって、日本全国の古本屋の所在と簡単なガイドを加えた『全国古本屋地図』（日本古書通信社）が、旅のお伴にしてバイブルだ。数年に一度、改訂増補版が出されていたが、二〇〇一年版を最後にストップ。古本業界の盛衰が激しく、改訂が追いつかないのだ（その後、地図などを省いた『古本屋名簿　古通手帖２０１１』が出た）。なにしろ、取材して原稿を書いて入稿し、それが印刷される頃にはもう店が廃業している。それほどこの十年間に、消えた古本屋（あるいはネット販売へ移行）は多い。

だから私は、二〇〇一年版『全国古本屋地図』を定本に、その後の情報を勝手に書き加えている。ときどき「日本の古本屋」という古書組合が作っているサイトで、全国の古本屋情報をチェックし、消したり加えたりを自分でするのだ。長い間使い込んでいるから、角は丸まり、表紙にはシワが寄り、たかだか十年前の本とはとても思えない疲れた顔になっている。

これこそ、いわば岡崎私家版『古本屋地図』で、火事になったら真っ先にこれを持って逃げるつもり。

二〇〇九年六月末には、一日で東京から新潟、米沢、福島、仙台と古本屋だけを回る旅をしてきた。駅前で自転車を借りて、名所旧跡、神社仏閣をまったく無視し、地元名物も食べずに、ただひたすら古本屋に足跡を残す。各エリアの所要時間は一、二時間。古本に興味のない旅好きの人からすれば、何ともったいないと嘆かれるかもしれない。しかし、古本屋を覗けば、その町のことが案外わかるものだ。

二〇〇一年版『全国古本屋地図』によれば、新潟駅周辺に五軒の古本屋が点在するはずだったが、訪ねてみると、店売りをしている店舗は二軒だけだった。周辺の人通りも少なく、全体に寂しい様子。それにひきかえ、仙台では『地図』には記載されていない新顔が三、四軒も増え、「火星の庭」や「カフェ　マゼラン」などカフェを併設したスタイルの店もあり、新しい風を感じた。仙台はいやに元気だなあ、という印象だ。

古本屋の増減は、その町の活力と比例している。市の財政状況を見なくても、名所旧跡を歩かなくても、名物を食べなくても、それはわかることなのだ。

こういう言い方はいけないんだろうが、表日本より裏日本、つまり日本海側の退潮が著しい。たとえば「山形県」。『全国古本屋地図』のリードによれば「山形県は古本屋の数が少なくさびしい。大半が戦後の開店。昔も今も、古本屋が一本立の職業となるには向かない土地柄のようだが、現代の洪水のような出版物からしても、古本屋は、なくなりはしないだろう」と希望的観測を持っている。しかし現実は厳しい。

同書では、複数店舗が存在する都市は、地図つきで店舗の位置が記載されていて、山形市は地図つき。二〇〇一年版には四店舗の記載がある。そのほか、地図の範囲外の市内に三店舗。地図内に番号のついた四店舗を挙げていくと「積文堂書店」（十日町）、「栄文堂書店」（相生町）、「三晃堂書店」（あさひ町）、「コミックリンク」（七日町）となるが、二〇一〇年二月現在、これらはすべて姿を消している。いや、じつは二〇〇六年にチェックした段階ですでに消えていた。地図圏外の「舘岡書店」（蔵王成沢）、「ブック遊2001」（三日町）、「コミックファン」（東原町）も同様。

大雑把に言って、地方都市でもある程度の期間、その地に定着して商売を続ける古本屋はたいてい店名が漢字＋書店・堂であることが多く、これらはつぶれにくかった。少なくとも「市」がつき、あるいは政令指定都市であり、大学があるような町なら、古本屋という商売が店売りで成り立っていたのだ。「ブック」や「コミック」といった、コミックやビデオ（のちにファミコンソフトやCD）を中心に扱うような新興の店は、短期間で店をたたむことも多かった。

山形市で言えば、二十五万以上の人口を擁し、国立の山形大学が市内にあり、山形新聞という地方の新聞社があり、県立図書館や博物館だってある。古本屋の三軒や四軒、成り立たないわけがない、というのが従来の常識だった。それが通用しなくなったのがこの十年なのである。「三晃堂書店」は、山形大学のすぐ近くにあった。古書籍、それに古美術も扱う店だったようだが、それがなくなっても、学生や教員は何の痛痒も感じていないのかもしれない。

その後、二〇〇五年に「香澄堂書店」が旅籠町に、二〇〇六年に「古書紅花書房」が馬見ケ崎川近くにできたようだ。漢字の店名にしたところに見どころがありそうだ。ただし後者はネット専門で店売りはしていない。そのほか、ブックオフに代表されるカタカナ店名の新古書店が点在しているだけだ。

山形と言えば、出身者に無類の本好きの作家である丸谷才一と井上ひさしがいるが、二人は故郷のこの現状をどう見ただろう。井上ひさしには個人の蔵書二十万冊を収めた記念館「遅筆堂文庫」（東置賜郡川西町）がある。その近くに、「かんがるー文庫」という古本屋が『全国古本屋地図』に記載されている。いまチェックしてみたら、健在のようだ。ちょっとホッとした。

科学とリクツ

結核と日本文学

正木不如丘『療養三百六十五日』実業之日本社　昭和十一年

堀辰雄は昭和二十八年（一九五三）五月二十八日に永眠。死因は結核だった。十三年に刊行された代表作『風立ちぬ』は、日本の結核文学の頂点といってもいい作品。昭和十年夏、堀の婚約者だった矢野綾子（小説では節子）が胸を患い、サナトリウムでの闘病も空しく亡くなった体験を描いた。

節子が入院したサナトリウムのモデルは、八ヶ岳山麓に現存する富士見高原療養所（現・富士見高原病院）。大正十五年に開所。堀は昭和六年四月、単独でこの療養所に入院している。竹久夢二、横溝正史も一時期、ここにいた。

「八ヶ岳の大きなのびのびとした代赭色の裾野が漸くその勾配を弛めようとするところに、サナトリウムは、いくつかの側翼を並行に拡げながら、南を向いて立っていた」（新潮文庫）

と『風立ちぬ』に描かれている。

節子が入院してすぐ、「私」……つまり堀に節子の病状を「思ったよりも病竈が拡がっているなあ。……こんなにひどくなってしまっているとは思わなかったね」と院長が説明する。この院長こそ、作家の正木不如丘《ふじょきゅう》だ。

正木は本名・俊二。明治二十年生まれ。東京帝国大学医学部卒の医者で、富士見高原療養所院長を二十年も務めた。正木は『木賊の秋』ほか、探偵小説の分野でも活躍し、そこで得た印税の大半を療養所運営につぎ込んだという。もう少し評価されてもいい人物だ。

この療養所を舞台に描かれた久米正雄の小説「月よりの使者」は、昭和九年に高田稔と入江たか子の主演で新興キネマにより映画化、大ヒット。一躍その名を知られた。「月よりの使者」とあだ名されるほど、美しく献身的な看護婦に心を寄せる男が、思いが叶わず自殺するというメロドラマは、昭和二十四年に大映、二十九年には再び大映でリメイクされている。主題歌もヒットしたというから、これは想像だが、「月よりの使者」という言葉は、当時、一種の流行語として使われたのではないか。

適齢期の男性が、才色兼備の女性とつきあっている噂が社内で流れると、「おい、今度『月よりの使者』を紹介しろよ」とからかわれたり……。

昭和十九年に初の治療薬ストレプトマイシンが開発されるまで、結核は空気の清浄な土地で静かにしているしかない、治療法のない死の病だった。この死病に襲われたのは、樋口一葉はじめ、正岡子規、宮澤賢治、梶井基次郎、立原道造など、日本近代文学史に死屍累々たる爪痕を残す。

しかも、ほかの死病と違い、「肺を病む」という表現に、どこかロマンチシズムが漂い、死さえ美化される。肺病死した文学者に、詩人もしくは詩人的素質を持った夭折者が多いためか。

正木には昭和三十年代に出た全八巻の作品集があるが、そのうち医学博士としての著作は第一巻「随筆集」に「診療簿余白」と「詭弁勘弁」が入っているだけで、ほかはみな小説である。私は医学関連の正木の著作を七冊持っている。そのなかでも興味深いのは『療養三百六十五日』だ。ここには、扉にはっきりと「富士見高原療養所長医学博士　正木俊二著」と掲げてある。奥付の著者名も正木俊二。ただし、背文字や函は正木不如丘だ。

巻末には肺病、呼吸器病、不眠症と神経衰弱など、同じ版元から出た一般向け医学書の広告が並ぶ。一ページをとった広告に「シャルマン」とあるのは、肺結核治療薬の宣伝で、正木が発明したとあるから驚く。

『療養三百六十五日』は、結核の療養術を説いた本なのだが、各章の始まりが「年が改まりました。おめでたく存じます」とか、「今日はお伽話を一つしましょう」とか、話しかける文体になっている。おそらく富士見高原療養所で、入院患者に配られた通信の類をまとめた本ではないか。療養法や心の持ちようなどをやさしく説いているのだが、四季の流れになっているし、療養所限定の書き方がしてあるから、おそらくそうだと思う。

例えば夏。

「初夏となって気温が高くなって来た。療養所の南側の窓とベランダへの通路のドアは全く明け放たれて居る。夜は午前二時である。

五六人の患者はベランダにベッドを出して、星空の下で深い眠りに落ちて居る。

徹底的の開放大気療法だ」

明らかに療養所の患者向けであることがわかる。

新年のあいさつの後でも「結核患者は健康人のいささか脱線したものと考えてよい。勿論電車の脱線にも、すぐに恢復する程度から、箱がひっくり返って怪我人が出る程度迄ある通り、結核患者にも、いろいろの程度はある」と、あくまでユーモラスに語りかける。患者に暗い気持ちや負担をかけないようにとの心遣いだろう。

正月のお屠蘇だって、「どうせ杯に一二杯であるから、健康人の仲間に入って飲む方がいい」と、いたって鷹揚だ。作家や画家など、表現者が多くここに集ったのも、所長が作家を副業とする正木だったから、というのが大きな理由だったに違いない。

ところが、かんじんの堀辰雄は、多恵子夫人の証言によれば、結核に関する本を「絶対に読みませんでした」というのだ。「病気に対する知識がなかった」というから、堀辰雄の別の一面が覗けたようで興味深い。

多くの結核患者の死を看取った所長の正木は、結核が死病ではなくなった昭和三十七年、その役目を終えたように生涯を閉じた。

電気のふしぎ

竹内時男『こども電気学』小学館　昭和十五年

谷川俊太郎の話で印象に残っているのが、父親の谷川徹三と電気の関係。まだ俊太郎が少年だった頃の話で、電気のコードがドアに挟まっているのを見た徹三が「おい、これでは電気が途中で止まってしまうんじゃないか」と言った。俊太郎は驚いた。父親は電気をホースの中に流れる水みたいなものだと思っていたらしい。

谷川徹三と言えば京都帝大卒で、哲学者にして法政大学総長まで務めた最高の知性の一人。それでも明治生まれ（明治二十八年）にとって、電気は得体のしれないものだったようだ。

谷川徹三は宮澤賢治の研究者としても知られるが、賢治は明治二十九年の生まれ。徹三と同世代でも、電気に関する認識はまるっきり違う。

詩集『春と修羅』の「序」は大正十三年に書かれているが、そこで「わたくしという現象は／仮定された有機交流電燈の／ひとつの青い照明です」と表明している。つまり賢治は電気の申し子、ということになる。もっと遡って、大正十一年には童話「月夜のでんしんばしら」を発表。線路脇に連なる電信柱に行進させ、その光景に脅える少年に「おれは電気総長だよ」と語らせている。少年はそれに対し「電気総長というのは、やはり電気の一種ですか」と訊ねるのだ。

ちゃんと調査したわけではないが、日本の文学史において、もっとも早く「電気」を理解し、それを創作に取り込んだのは宮澤賢治ではないか。

言うまでもなく、宮澤賢治は「幻視」の文学者だったが、電気は不可視であるのが特徴だ。ほかのエネルギー源……たとえば水力、火力にしても源は目に見える。風力は目に見えないが、大きな風車が回るところは見えるし、風は身体に風圧を確かめることができる。電気の場合は、目に見えないところが、霊の存在と似ている。

ランプやろうそくを使っていた家庭に、白熱電球が普及するのは明治末期から大正期。寄席では豆電球をくりつけ、それを点滅させながら踊る「電気踊り」という芸が流行した。「電気」が見せ物になった時代があったのだ。テレビ、電気冷蔵庫、電気洗濯機などの電化製品が家庭に普及するのは、昭和三十年代後半。それまでは、せいぜい電球とラジオぐらいしか電気を消費するものが家になかった。私の幼年時代を思い返してもやはりそうだった。

昭和十五年、小学館から出た『こども電気学』は、「初等科学絵本」シリーズの一

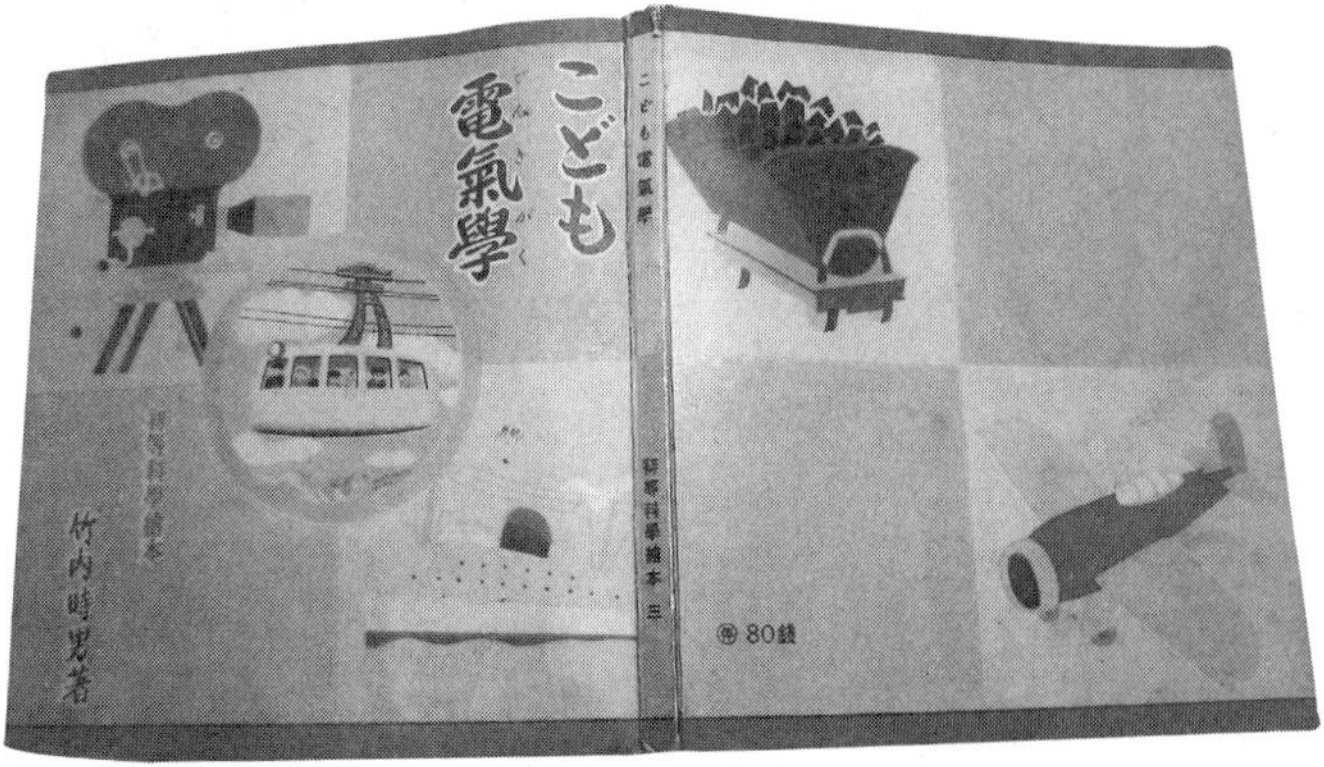

冊。小学校高学年向けに、当時の日本でようやく身の回りに使われ始めた「電気」の仕組みをわかりやすく教えている。「どうぞ皆さんが立派な科学国民となる日を待ちこがれています」（「序」）なんてところに時代を感じるなあ。「電気というものを、私どもは毎日、実にたくさんつかっています。電灯はもちろん電気によっていますが、電気アイロン、電鈴（ベル）、電車、モーター、電話、電報、みな、電気のおかげです」などと書かれているが、昭和十五年時点で家庭に電話や電気アイロンを備える家は少なかったろう。くり返すが、家庭での電気需要は微々たるものだった。

それでも戦後の電力不足は「昭和26年ごろまで深刻だった」と清水勲『古きよきサザエさんの世界』（いそっぷ社）は書く。朝日新聞に連載された長谷川町子「サザエさん」には、たびたび停電のネタが登場するが、昭和二十六年十月にはなんと三度も「停電」の場面があるという。茶の間がいきなり真っ暗になり、そこで起きるハプニングが描かれるが、笑ってオチになるほど、家庭生活に大した影響はなかった。ローソクや石油ランプが常備され、それで代用できる程度にしか電気に頼っていなかったのだ。

『こども電気学』では、そもそも電気とは何か、どうやって起るかを解説している。「電気の発見」は紀元前のギリシャ。タレスという学者がコハクを布でこすると「軽いものを、すいよせる」力が生まれることを発見。これをコハクのギリシャ語から「エレクトロン」と呼ぶようになった。

また、電気には陰陽があり、これが引き合うところから力が生まれる。

「雨粒が、よりあって出来た雲の上には、陽電気、下の方には陰電気が起り、この電気が強くたまると、火花を飛ばし、音を出して、放電（電気をなくする）します」。つまり、これが「雷」の正体である、と教えてくれる。じつにわかりやすい。そのほか、蓄電池、電気めっき、電気溶接、真空管、電気モーターなど身近に使われた電気の話が、世界の学者たちの学説を挟みながら続いていく。

目に見えない、姿かたちを現さず、触れると感電するという不思議なエネルギーについて、この本は周到に解き明かしていくのだ。

ところで、「電気には陰陽があり、これが引き合う」「触れると感電する」という記述が、男女の関係を思わせるようで、私にはおもしろい。そこのところに早くも反応した作家がいる。岡本かの子だ。

「陰の電気と陽の電気が合体すると、そこにいろいろの働きを起して来る。ふーむ、こりゃ人間の相性とそっくりだねえ」

　昭和十四年に刊行された岡本かの子『老妓抄』（中央公論社）所収の表題作で老妓・園子が自宅を電化し、そこで電気の働きについて吐いたセリフだ。


〈彼女が自分の母屋を和洋折衷風に改築して、電化装置にしたのは、彼女が職業先の料亭のそれを見て来て、負けず嫌いからの思い立ちに違いないが、設備して見て、彼女はこの文明の利器が現す働きには、健康的で神秘なものを感ずるのだった。

　水を口から注ぎ込むとたちまち湯になって栓口から出るギザーや、煙管の先で圧すと、すぐ種火が点じて煙草に燃えつく電気莨盆や、それらを使いながら、彼女の心は新鮮に慄えるのだった。

「まるで生きものだね、ふーム、物事は万事こういかなくっちゃ……」

　その感じから想像に生れて来る、端的で速力的な世界は、彼女に自分のして来た生涯を顧みさせた〉

園子は、「電気」が持つ「健康的で神秘」かつ「端的で速力的な世界」に魅かれるのだが、自分では機械の故障に対応できない。そこで電器商が出入りするようになり、店主が連れてきた発明家の青年・柚木を自宅に住まわせる。いわばパトロンとなるのだ。柚木は電気学校を卒業している、このつかみどころのない青年と、「電気」という新感覚のエネルギーがここで重ね合わせられていることがわかるだろう。

また『こども電気学』で特筆すべきは、ビジュアルデザインが優れていることだ。表紙から挿絵まで色刷りの絵が美しく、見て楽しい。画家は木俣武（明治四十一〜昭和五十年）。昭和期に初山滋、茂田井武、黒崎義介、川上四郎、林義雄、河目悌二たちとともに、「コドモノクニ」「ひかりのくに」「キンダーブック」など幼少年向けの雑誌に童画を描き続けた。モダンかつ簡潔な線と、洗練されたデザイン感覚はいま見ても新しい。

『こども電気学』の絵やレイアウトを見るかぎり、彼はまちがいなくこのころ注目され始めたロシア絵本の影響を受けている。ロシア革命後、ひととき華開いた詩人や画家によるグラフィック革命（ロシア・アヴァンギャルド）が、優れた絵本に結実する。

二〇〇四年夏に東京都庭園美術館で開かれた「幻のロシア絵本　1920—30年代展」に展示された、これらロシア絵本に初めて出会った私は目を見張ることになる。その感激の残響が『こども電気学』を手に取らせたのだ。

こういう高い美意識に彩られた絵本が、昭和初年生まれの子どもたちの目に触れたかと思うとうれしくなる。この本が出た翌年の十二月には日本軍による真珠湾攻撃、太平洋戦争開戦と時代は戦争一色に塗り替えられるだけに、余計にそう思う。

焼失した天文館
鈴木敬信「星と宇宙とプラネタリウム解説」東日天文館　昭和十三年

手元にある絵葉書は『東日天文館ゑはがき』。袋に二枚入っていたが、元が何枚だったかはわからない。一枚は「東日天文館全景」と書かれた建物の全容を写す絵。もう一枚は、「プラネタリウムの横顔」とキャプションがあり、大きな土星が投射された画像を背景にカール・ツァイスという投影機が描かれている。状態もよく、発色も美しい。

東日天文館は、昭和十三年、有楽町にあった東京日日新聞本社（のちの毎日新聞社）内に、開設されたプラネタリウム施設。前年に大阪の四ツ橋交差点に建てられた「大阪市立電気科学館」に次ぐ、日本で二番目のドイツ製カール・ツァイスを設置する施設だった。この投影機、当時で五十万円もしたそうである。昭和十三年と言えば、四月一日に「国家総動員法」が公布され、パーマネントが禁止され、「贅沢は敵だ！」のスローガンの看板が、各所に立てかけられた。そんななか、天体を映し出す装置に

五十万という大金を費やしたり、またそれを眺めに行くことは、かなり「贅沢」に思える。昭和十二年の公務員初任給が七十五円。ということは、ドイツ製天象儀の値段は今の感覚で言えば十億以上！　えっ、計算、間違っていないよね。

ところが、昭和二十年の空襲で、「東日天文館」は焼失し、その命は短かった。昭和三十二年に東京・渋谷駅前に五島プラネタリウムができるまで、戦後しばらくは「大阪市立電気科学館」が日本で唯一、という時期が続いたのである。現在は、日本国内に約三百五十ものプラネタリウムがあり、アメリカに次いで二位の数字だという（「大阪市立電気科学館」プレスリリースより）。日本はいまやプラネタリウム天国なのであった。

しかし、私は昔っから無粋な男で、夜空の星を見上げる習慣がなく、オリオンの位置さえわからないまま五十年を生きて来た。プラネタリウムへ行こうと思ったこともない。上京してすぐ住んだのが埼玉県戸田市で、最寄りの駅「戸田公園」からアパートへ向う途中に、丸いドームを乗せたプラネタリウムがあったが、立ち寄ったこともない。

いまは、家族で夜、車で買い物などで外出するとき、必ず夜空を見上げ、金星、そしてオリオンの位置を確認する。星を探す男になったのである。私を遠い星に少し近付けてくれたのは、石田五郎のおかげ。中公文庫に収録された『天文台日記』を読んで、しびれてしまった。石田は当時、日本における最高水準の天体望遠鏡を備えた岡山観測所に二十四年勤めた天文学者だ。『天文台日記』は、夜ごと望遠鏡の前に陣取り、星と対話し続けた観測日記。もちろん専門的な話が中心だが、職員たちの横顔を紹介し、ときにリルケを唇に乗せ、能狂言の知識を披露する。教養があって、文章がばつぐんにうまい。私はこの一冊で、すっかりこの先生に惚れてしまった。

『天文台日記』の元本を探してようやく手に入れたり、ちくま文庫に『星の歳時記』を見つけたときもうれしかった。後者によれば、石田は、少年時代に東日天文館に通っていた。

「下町生れの私にとって星座修業はプラネタリウムであった。いま渋谷にあるそれではなく、戦前の『有楽町のプラネタリウム』である。『東日天文館』は現在の『スバル座』あたりの一角だが、昭和十三年十一月開館、昭和二十年五月炎上とわずか六年半の短かい運命であった」

石田は一九二四年（大正十三）生まれだから、「東日天文館」開館のとき、数えで十五歳。星好きの少年としては、昼間に星を見ることのできる、待ちこがれた装置だったろう。「あのころ、このプラネタリウムに通いつめ人工の星空に胸をときめかした少年たちはかなり多かったのではないだろうか」と書く。前に触れた「大阪市立電気科学館」は昭和十二年に開設しているが、あのマンガの神様・手塚治虫も、やはり足繁く通ったという。

石田少年が待ちこがれていたことがわかるのは、オープン初日にでかけているからだ。

「『こけら落し』の上映で覚えた言葉が『アンドロメダ大星雲』で星空の上に半裸の美少女の線画を重ねあわせて投影したのが面白かった。／ペガサス座は天頂にあおぎみるほどに昇った大きな矩形で『張出しの図画をむしりとったあとの黒板に残った四個の画鋲』という説明が妙にリアルな感じで頭に残った」

と、大昔のことを、細部にいたるまでよく覚えている。

同じペガサス座（表記はペガスス座）をこんなふうに解説する文章もある。

「アンドロメダの西南の所にペガスス座があります。ペガススと言うのはガソリンの商標にも見える通り、羽の生えた天馬です。／大した天体の星座ではありませんが、ペガススの正方形だけは有名です。ペガススの三星とアンドロメダの一星とを加えると、中天に素晴らしく大きな正方形ができるのがお判りでしょう。これが有名なペガススの四辺形で、各辺は約十五個ずつあります。随分大きな四辺形です」

じつはこれ、昭和十三年十一月三日発行と奥付にある『星と宇宙とプラネタリウム解説』（東日天文館）という本。前述の絵葉書と時を置かずに入手した。執筆者は同館嘱託にして東京科学博物館天文学部主任理学士の鈴木敬信。これは、天文学を理解するための入門書で、必ずしも、東日天文館で実際に話される内容とは同じではなかったかもしれない。しかし、石田の記憶にある解説の方が、イメージ豊かで、たしかに記憶に残るものだ。

『星と宇宙』の最終ページに、「帝都の新名所　東日天文館」として、施設案内がある。これによると、年中無休で営業、プラネタリウムは一日六回、同書の表現を借りれば「実験」された。観覧料は陳列館と共通で、大人（十三歳以上）が五十銭、小人は二十五銭だった。それに、団体割引があり、二百人以上なら四割引きとなった。学校から一学年こぞって入館すれば、一人十五銭で済む勘定になる。昭和十五年にカレーライスが、一皿だいたい二十銭から三十銭。小人の入館料は、今ならカレーライス一皿ぐらいの値段と考えてよいか。

府中郷土の森博物館にあるプラネタリウムが、博物館の入館料を合わせると、大人が六百円、中学生以下が三百円。池袋サンシャインシティにある「コニカミノルタプラネタリウム『満天』」が、大人千円、子ども五百円。感覚としては「満天」の料金に近い。

それにしてもかわいそうに思うのは宮澤賢治のこと。代表作『銀河鉄道の夜』を、教師が大きな星座の図を前に星の話をするシーンで始めたほど、天文学に精通していた。超高層物理学を専門とする斎藤文一によれば、賢治の短編「柳沢」に見える「真空が燐光を放つ」という記述は、「超高層空間における発光現象を予覚する」驚くべき洞察である、と指摘する。

「このぼんやりと白い銀河を大きないい望遠鏡で見ますと、もうたくさんの小さな星に見えるのです。ジョバンニさんそうでしょう」と語りかける教師は、夜空を見上げて星々に思いを馳せる賢治に重なる。短い生涯に九回も上京した賢治だったが、昭和八年九月二十一日、本当に星になってしまった。東日天文館オープンはその五年後のこと。生きていれば賢治は、まだ四十を過ぎたばかり。東京にドイツ製の最新天象儀を備えたプラネタリウムという見せ物ができたそうだ、と聞けば、何をさておき夜汽車に乗って上京し、連日通い詰めたに違いない。『銀河鉄道の夜』の作者に、一度、プラネタリウムを見せてやりたかった。

　賢治に東日天文館を見せてあげられるとしたら、タイムスリップさせるしかないが、なんと、この幻のプラネタリウムに時間旅行する少年の話がある。瀬名秀明『虹の天象儀』（祥伝社文庫）がそれだ。二〇〇一年三月十一日をもって閉館した渋谷駅前の天文博物館「五島プラネタリウム」。その最後の上映に間に合わなかった少年が、翌日、やってきて職員の「私」に、「ツァイスのプラネタリウムを見せてください」と懇願する。「私」は、せめてもとプラネタリウム投影機のある場所へ少年を案内する。熱心に見つめる少年に、昔の自分を重ねて「昔、有楽町にプラネタリウムがあったんだよ」と東日天文館の話をする。彼は年齢的に、間に合わなかったのだが、家に同館のパンフレットがあり、それを何度も読み返したという。

「東日が使っていたのはツァイスのⅡ型で、パンフレットの表紙に丸い頭の部分が大きく描かれていたんだ。青色のバックに白い光線が何本も放射されていてね、すごく不思議で、印象的だった」

　なんと、私が求めた『星と宇宙』は、まさしく『虹の天象儀』の「私」を夢中にさせたその「パンフレット」だった。このあと、「私」は不思議な少年の導きにより、昭和十八年の東京にタイムスリップする。そして、東日天文館を訪れる。プラネタリウムの座席に身体を沈め、星々が散らばる天井を見上げたとき、解説者の声が流れる。

「天頂を見上げてみますと、四つの星が大きな四角形を描いています。これが秋の四辺形、ペガサス座の一部です……」

これは、石田五郎も聞いた同じ解説。一九六八年生まれの瀬名が、当時の資料を駆使して再現したこの小説のおかげで、現代の我々は、東日天文館の細部までくわしく知ることができるのだ。

一九九二年七月二十七日に没した石田に、この小説を読ませたかった。

バラ色だった科学の未来

朝日新聞社編『お茶の間科学事典』朝日新聞社　昭和四十一年

一年間に五十キロも減量して話題になった、「オタキング」こと岡田斗司夫は、昭和三十三年大阪生まれ。三十二年大阪生まれ、が私。ほぼ同じ頃、大阪で子ども時代を送ったことになる。それだけで岡田には妙な親近感がある。ただし、体重が半分に減り、別人のような姿になってから、なんとなく迫力も半減したような気もするのだが。

ずいぶん前、雑誌の取材で私は岡田に会っている。現代社会批評というようなテーマで、岡田のほか、二人の評論家を交えた鼎談だったが、ひときわ太っていた頃の岡田が生彩を放っていた。頭の回転が滑らかで、次々と適確な（まとめたライター側からすると、すべてがそのまま使える、見出しの立てやすい）発言で、あとで記事をまとめる時、三者のバランスを取るのに苦労したほどだ。

そんな岡田による著書『二十世紀の最後の夜に』（講談社）は、彼が少年時代に夢見た未来を、全頁、写真やイラストの上に、散文詩ふうにちりばめた絵本みたいな本。

そこで彼は「銀色にピカピカ輝く、ロケットのパイロット」になることが夢だったと書く。つまり自分の未来は「銀色」だった。ところが、アポロが月面に着陸し、大阪万博が終わったころから、街は白いマンション、灰色のビル、白い蛍光灯で輝くコンビニと「白い現実の街」に替わっていったと嘆いている。

未来像を色で表現したところがまことに鋭い。「ララララ科学の子」と主題歌で歌いあげた「鉄腕アトム」が描く未来が現実のものとなっていく過程をつぶさに見て来た岡田も私も、やはり夢見る「科学の子」であった。

『お茶の間科学事典』が出版された前年の昭和四十年に、「スーパージェッター」を皮切りに、「宇宙パトロールホッパ」「宇宙人ピピ」「宇宙少年ソラン」「宇宙エース」「遊星少年パピイ」「W3」「戦え！　オスパー」と、宇宙あるいは宇宙人をテーマにしたアニメが続々とブラウン管から放映され、私はすべて見ていたし、岡田もまた見たはずだ。宇宙はハワイなんかより、はるかに身近なワンダーランドだった。

そんなふうに、まだ「科学」の夢を信じられた小学生のころ、昭和四十一年に出されたのが『お茶の間科学事典』だ。

身の回りで役立つ「人間のチエ」の謎を、わかりやすく解き明かすコラム集。走りすぎる電車をバックに、すっくと立つロボットの写真がカバーにあるが、まるでおもちゃみたい。しかし、これは本物で、「日本児童文化研究所」が作製した。名前は「八郎」。ロボットにハチロウって……！

二〇〇〇年代にソニーが開発した、人間の音声に反応するロボット犬が「アイボ（ＡＩＢＯ）」と名づけられたのに比べたら、いかにも古くさい。これが昭和四十一年段階での、科学の最先端だった。

それでも、この本を読み進めると、現代に継承される「科学開発」の端緒が、このときすでに現れていたことがわかる。

例えば、今では安藤忠雄の専売特許のようになっている、コンクリートの「打ち放し工法」。コンクリートの素地をそのまま生かした建築法だが、本書によれば、この工法を独自に考え出したのは、在日米人の建築家、アントニン・レイモンド。大の親日家である彼が、日本で立てた自宅にこの工法を使った。なんと、それは大正十三年のことだった。「コンクリート打ち放し」第一号は、日本だったのだ。

この工法は欧米でたちまち流行し、戦後になって日本に逆輸入される。安藤忠雄が登場する、ずっと前の話だ。

「花粉アレルギー」という項がある。花の季節に、東京タワーに上って花粉を採集する女性がいた。「大東京の真中だ。花粉なんて、ありゃしませんよ」とタワーの人が忠告するのを尻目に、研究を続けるのが東邦大学教授の幾瀬マサだった。「花粉症」

が日本で社会問題化したのは一九七九年頃と言われている。くしゃみに鼻水という症状が出たら、まず「風邪かな」と考える時代に、幾瀬は、花粉アレルギーが日本に存在することを明らかにした。幾瀬マサという名前を、これで忘れるわけにいかなくなった。

我々が一般的に知るようになる前に、学者や研究者、建築家たちがひそかに新しい道を切り拓いていたことがわかる。

「新幹線の座席」という話題もおもしろい。昭和三十九年に開通した東海道新幹線の座席に、当時新しい学問だった「人間工学」を用い、「疲れぬシートを工夫」した苦労話が紹介されている。

「見ばえがよくて、クッションのきいているイス」が、じつは乗り心地が悪く、疲れやすいことが研究の結果わかった、というのだ。私もよく利用するが、あの新幹線のイスは、人間とイスの関係において「理想に近い設計」だった。今度、乗るときに、そのことを確かめながら座ってみよう。

また、「ビールのうまさ」は、まだ缶ビールより瓶ビールが好まれた時代、ビン詰めする時、いかに空気が入り込まないかを追究する話。

どれをとっても、人間の知恵と工夫が、未来を明るくすると信じられていたことがわかる。科学が「銀色」に、ピカピカ輝いていた時代だったんだ。

才媛による良質な科学入門

楠田枝里子『楠田枝里子の気分はサイエンス』毎日新聞社　昭和五十九年

本屋にはタレント本が花盛り。テレビで顔が売れているから、一定部数が見込めるし、うまくするとベストセラーになる。中身は編集者かライターがまとめ、本人は書いていない場合が多い。かえってその方が自在な語りが生かされて読みやすいということもある。

しかし、これらのタレント本が、新聞の書評に取り上げられたり、内容が評価されることはほとんどない。まともな本としての扱いをされないのだ。古本屋での評価も同じで、『楠田枝里子の気分はサイエンス』は「日本の古本屋」の検索サイトではヒットせず。「スーパー源氏」でようやく一冊引っかかり、なんと二千百円もついていた。しかし、町の古本屋の棚にあれば五百円、あるいは均一台に回されるのがオチだ。

それで困るのは、タレントが自分で書いた優れた本であるのに、偏見のせいで正当な評価から遠ざけられることだ。女優の岸惠子はちゃんと自らの筆で書いた著作が多数あるが、「女優」の肩書きが邪魔して、不当な扱いを受けているとどこかで嘆いていた。

そういう意味で、『楠田枝里子の気分はサイエンス』は、もっともっと評価されていい本だ。やさしい言葉で、科学の最新情報をユーモアを交えながらつづった名著なのだ。いわゆるタレント本だと思ったら大間違い。この本は一九八四年に飯野和好のイラストが入り、絵本のような四角い判型で出た。私は好きなデザインだが、チョコレートの箱みたいで、真正の読書家を遠ざけているかもしれない。その後文春文庫に入るが、できれば、元の本を探してほしい（両者とも現在は品切れ）。

現在、若い人で楠田を知っているとしたら、「世界まる見え！　テレビ特捜部」（日本テレビ）の司会者として、だろう。放送開始から二〇〇九年九月に降板するまで、十九年もの間、たけしと所にはさまれて（たけしは九一年からの出演）、どんなおふざけにも動じない長身の美女として進行を取り仕切った。その人工的な美顔とスタイルは、レプリカントになぞらえられたりした。

楠田は一九五二年、三重県伊勢市の生まれ、東京理科大学理学部卒業の才媛だ。身長は一七五センチとかなりデカイ。日本テレビに入社後、八一年からフリーになったが、理科系のアナウンサーというのは珍しい。

科学エッセイとしては『ロマンチック・サイエンス』に続く二冊目となったのが本

書。毎日新聞に連載された原稿をまとめたもので、話題は遺伝子から天文学、気象、脳科学と果てしなく広い。私はガチガチの文系だから、楠田の筆の助けがないと、とても理解が及ばない話ばかり。

例えば、天気予報の「ひまわり」などでおなじみの静止衛星。これは、本当は地球の回りを一日で一周している。ところが「地球の自転と同じ方向に回るので」静止しているように見える。言われてなるほど。ところで、寿命が尽きた衛星はどうなるのか。

「燃料を失った衛星は、おもに地球の重力に操られることになります。でも地球は完全な球ではないので、出っぱった部分とそうでない部分とでは、衛星に与える重力の大きさも違ってくるのですね。この重力むらのため、衛星たちは、いつしか軌道をはずれ、重力の最も少ない点を中心に何十万年、何百万年もかけて、振り子運動を繰り返します。そして地球の最も薄っぺらい、二地点に群れ集うことになるのです」

どうです、わかりやすいでしょう。学者が書けば、この何倍もくどくどと説明を繰り返し、結局わからないことが、楠田の手を借りるとおとぎ話を聞く感じで、最新科学の知見が頭に入ってくる。しかも、寿命を失った衛星に哀れささえ感じるのだ。こんなふうに科学の常識を人間くさく書ける人はいない。

この本が出た八四年の翌年、茨城県の筑波研究学園都市で「科学万博　つくば'85」

が開催された。三菱未来館では宇宙ステーションの内部を再現し、窓越しに西暦二〇三〇年の宇宙空間を模型で展示。そのほか、リニアモーターカーの試作機が会場内を走り、各館でロボットが活躍した。松下館の似顔絵を描くロボットなどが話題になったものだ。入場料収入は予想の二百五十億円を七十億円も上回り、決算は黒字だったという。科学の進歩が人間の未来を幸福にする「科学神話」がまだ有効だった。

また、本書では「おなら学」という一文もすごい。おならについてマジメに解説したあと、話題は細胞に移る。ミトコンドリア、DNA、核分裂などの言葉が飛び交い、これがおならの前に来ていたら、ちょっと敬遠したかもしれない。そうして、人間の生命の神秘に触れつつ、最後はこう終る。

「おならは、その生命体の吐息とでも考えれば、臭いとばかり敬遠するわけにいきませんね」

衛星「ひまわり」と「おなら」を同列に語れるところが楠田の強み。楽しみながら科学を身近に感じられるこんな本を、彼女にはもっと書いてもらいたい。

暮らしの片すみ

戦前昭和は「帽子の時代」

「昭和貳年度春夏物 帽子カタログ」江指商店帽子部　昭和二年

昭和二十～三十年代ぐらいの、古い日本映画が好きで、昔からよく観ている。私は昭和三十二年の生まれで、かろうじて記憶にある、懐かしき日本の風景や人々の姿を拝めるだけで幸せなのである。映画の内容は二の次、というところがある。

これら半世紀前の映画を見ていて気づくことの一つに、昔の男たちは外出するときに、みんな帽子をかぶっていた、ということだ。都会の群衆をカメラで撮った時、昔と今と、一番の違いは、たぶんそこだろう。みんな帽子をかぶらなくなった。

日本映画を代表する監督、小津安二郎の映画が大好きだが、その小津映画をファッション、インテリア、俳優・女優の仕草や口調などから論じた中野翠『小津ごのみ』(筑摩書房、ちくま文庫)を読むと、やはりそのことを指摘している。

「蒲田時代の小津映画がファッショナブルで楽しいのは、戦前昭和が『帽子の時代』だったせいもあると思う。小津は映画の中の若者たちにソフト帽ばかりではなく、べレー帽、ハンティング帽、ニット帽などをかぶらせている。小津自身、その頃はさまざまなタイプの帽子に手を出し、自分に最もしっくり来るものを探し求めていた様子だ」

ちょっと注釈をつけると、「蒲田時代」というのは、松竹映画の撮影所が蒲田にあった時代を指す。のち大船に移る。また、小津と言えば、白いワイシャツに白いピケ帽が、撮影所での定番スタイルだった。ふだん外出時はソフト。

ここで押さえておきたいのは「戦前昭和が『帽子の時代』」という指摘で、それはおおむね、戦後も昭和三十年代前半ぐらいまで続く。サラリーマンはソフト、画家などはベレー帽、学生は角帽、商人はハンチングと、職業や階層によってかぶる帽子が決まっていた。帽子はファッションであるとともに、自分がどこに所属するかを表す制服の一種でもあったのだ。

当然ながら、帽子はよく売れたし、いまではあまり見かけなくなった「帽子店」も、繁華街や商店街のあちこちで目にすることができた。そこで、こんなカタログも作られる。

「昭和貳年度春夏物　帽子カタログ」は、大阪高麗橋東二丁目にあった「江指商店帽子部」が発行した帽子専門の商品カタログ。全八十ページ。表紙に電話番号が掲載されているが「東　壱六壱」に始まり、六つもある。電話番号が三桁の時代に六つだから、相当大きな商店であったことがわかる。

帽子標準見本一覧表に掲げられた帽子の種類は四十一。鳥打、中折、サシコ、子供、スピン、一文字、パナマ、麦稈、二重帽子、経木帽子等々。それぞれに等級もあり値段も違う。学帽には、ケーオー、三高、一高などと大学別。本文には、各種商品の写真と、非常にくわしい解説がつく。帽子一つに、これだけ書くことがあるのか、と驚くばかりだ。

「子供帽子は型其ものよりも、寧ろより多くを意匠の変化と其の進境に求むべきだと申上げたい。即ち変化の上に現れたる流行の負担範囲を、型よりも意匠に重くせよと云う主張で、之は現時の行詰れる型の悩みを、幾分でも救う唯一の道であると思うのであります」

なんという格調と重み。これが子供帽子の説明なんだから、びっくりしてしまう。

「ライカ片手に戦前から敗戦直後の東京の街角をスナップして歩いた警視庁カメラマン・石川光陽の秘蔵写真」を収めた『昭和の東京』（朝日文庫）には、帽子をかぶった男たちの写真がたくさん出てくる。「カフェーやレストランにいくと、必ず帽子掛けがあり、そこに帽子をさりげなく掛けるのが楽しみでした。また、『帽子クリーニングします』と、のぼりを立てた帽子専門の洗濯屋が繁盛した時代でもありました」と石川は書く。確かに昭和九年の銀座資生堂パーラーの店内を、二階から写したカットがあるが、壁にも柱にも帽子掛けがあり、カンカン帽がたくさん掛かっている。

帽子専門の洗濯屋という職業があったのも驚き。吉田健一は「帽子も、本当に帽子らしくなるのは新しく買ったのを一夏被り通して、汗と脂だらけになったのを洗濯屋に出してからである」と「新しいもの」（『甘酸っぱい味』新潮社）に書いている。それだけ大切に帽子を扱っていたという証左だろう。

考えてみれば、街角で知り合いに会った時など、帽子をかぶっていた時代なら、帽子を少し持ち上げ、頭を傾けるだけで挨拶になった。それがまた、なんとも粋な仕草に見える。帽子をかぶらなくなったいま、深く頭を下げるにせよ、ちょっと手を挙げてみるにせよ、どうもうまく格好がつかない。無様である。帽子という小道具は、きれいな挨拶をする際の型を作っていた。

現代の男は、帽子を被る習慣を失うとともに、きれいな挨拶の型も失ってしまったのである。

鉄道会社はえらかった
山本留治郎『車内サービス研究』オーム社　昭和九年

山本留治郎については、『電力統制と水力開発』という著書があること、電気協会主事であったことぐらいしかわからない。『車内サービス研究』にはカバーがなかったのでなんとも言えないが、書籍としてのデザインセンスもゼロ。つまり、これはタイトルで買った本だ。

中身は、鉄道、バスなど公共交通機関における、乗客サービスの心得が書いてある。鉄道大臣の序によれば、自動車の目覚ましい発達で、陸上交通界の王者としての鉄道、バスの地位が危うくなってきた。そこで、乗客確保のため「サービスの問題」が浮上し、こんな本が書かれることに。

たしかに、昭和九年四月には道路交通標識が統一され、七月には帝都騒音防止法の実施により自動車やオートバイの警笛が禁止された。それだけ街に自動車の数が増えてきた、ということだ。

しかし、運賃をもらっている以上、乗客へのサービスは当たり前だと思うが、自動車の発達以前はどうもそんな意識はなかったらしい。この本が出た頃、上野—青森間の鉄道運賃が七円二十六銭。公務員初任給が七十五円だから、その約十分の一もかかった。現在、同区間の普通運賃が一万三千円強だから、その倍ぐらいだったと考えていい。サービスを受けるのは当然だ。

ところが、この本を読むかぎり、当時の鉄道員に乗客を大事にする気持ちはまるっきりなかったようだ。昔を知る人から国鉄時代の職員がみな威張っていて、乗客への対応が悪かったと聞くが、あれは明治時代の鉄道敷設以来の伝統だったのだ。

『車内サービス研究』を読むと、これが乗客の目に触れることを意識しなかったのだろうかと疑問視されるほど、ずいぶんひどいことが書いてある。例えば「トン馬な乗客取扱法」という章。客を「トン馬」呼ばわりはないだろう。「取扱法」という表現も人間相手とは思えない。ここで言う「トン馬な乗客」とは、行き先もわからず乗る客、田舎から出てきた客。そんな「トン馬」には「親切にせよ」と教える。注意点はこうだ。

一、頓馬な乗客と思ってはいけない
二、その乗客を叱りとばしてはいけない
三、ケンツクを喰わしてはいけない

四、ケンもほろろに、叱ってはいけない

もっと具体的なサジェッションがあるのかと思ったら、あたりまえのことばかりだ。ということは、それまで田舎から出てきた客は、頓馬だとバカにし、叱りとばし、ケンツクを喰わせて、ケンもほろろに扱っていたことになる。乗客サービスなどとは月と地球ほど距離が離れていた。

「賃金を胡魔化す客」という章で、ひどい客の例で挙がるのが「大阪」。それによれば、なんでも大阪の乗客は質が悪く「喧噪であり口やかましい。些細なことに、がやがやとやかましくしゃべり、ののしり合うのである」ときた。……悪かったな。私は大阪人だ。たぶん著者は東京出身者だろう。東京人からすると、大阪人がふつうに日常会話を交わしているだけでも、「ののしり合う」ように聞こえるのだ。

まあ、ここまでは仕方ないと私も我慢するが、次はもっとひどい。

「只の一銭のことでも、自分の不利益になると思えば、どこまでも追窮してくるのが、大阪の乗客の特長である」と断言し、「大阪の自我はソロバンの上におどっている」とまで言う。言い過ぎだろう、いくらなんでも。

もっとすごいのがありますよ。

「エロ、グロの誘惑」として書かれているのが「深夜の乗客」。「すべてが、エロ、グロであると心得ている必要がある」と書く。偏見もここまで極まると立派な信念だが、もし一般市民の目にこれが触れたら、どう釈明するつもりだったのだろうか。

とは言え、これが実際に鉄道やバスで働く乗務員にとって、非常に役に立つマニュアルだったことは間違いない。

後編では、乗務員の言葉遣い、注意する言い方、難読の停留所や駅名とその発音の仕方など、細かく注意されている。「広島瓦斯電軌の停留所」の章で「己斐町（こひまち）」は、「ひ、に力を入れると、己斐町とは、まったく別のところ、のようにきこえることがあるので、こひまち、という気持ちで、こいまち、とよび、い、にすこし注意する」と親切だ。

この本が出た昭和九年の二月一日、赤字に悩む東京市営バスが、乗客集めのために、サービスガールを登場させた。制服に身をつつみ、若い女性たちが「もっとバスに乗ってね」とアピールしたという。このころ、ようやく交通機関が「サービス」に目覚め始めたということか？

懐を温めて八十年
「懐春」矢満登商会　昭和十年

表紙のデザインの好ましさに引かれて買った雑誌だ。女性がマッチを擦り、手元の容器に火をつけようとしている写真で、これが「ハクキン懐炉」。厳寒期に、これを懐に入れて体を温めたのだ。

手で揉んで発熱させるシート式の、いわゆる「使い捨てカイロ」が普及して以来、あまり見ることもなくなったが、一九七〇年代半ばぐらいまでは、「カイロ」と言えば、この「ハクキン懐炉」を指した。

「懐春」とは、なんともポエジーなタイトルだが、「ハクキン懐炉」の発売元、大阪の「矢満登商会」が出していたPR雑誌のようだ。週刊誌を半分にしたサイズで本文十六ページ。もちろん自社製品の広告もあるが、「黄金の波」「欠陥の美」「二行一言」「自在温泉」「咄の宣伝」など随筆やコラム、読み物が充実している。デザイン、レイアウトも洗練されていて、なかなか洒落たつくりの雑誌だ。

見返しの広告も、ハクキン懐炉を持つ洋装の美女がモダンなイラストで大きく描かれ、右から左へ「ハクキン懐炉」と大文字でレタリングした下に「山が化粧をした／枯《こがらし》が吹きだした／人々の肌は凋《しお》む／しかし／保温《ハクキン》の愛用が永遠の美を護り健康を培う事を知れば…安心です」とある。広告文がまるで詩のようだ。

広告に詩情を盛り込むというのは、あるいは大阪広告の特徴なのか。川柳作家として有名な岸本水府は、雑誌「番傘」を主宰し、川柳の発展に力を尽くすとともに、広告文案家（いまで言うコピーライター）としても名を馳せた。水府については、田辺聖子の評伝『道頓堀の雨に別れて以来なり』（中公文庫）に詳しいが、彼は「福助」「寿屋（現・サントリー）」「桃谷順天館」などで、コピーライターの祖としての筆を振う。とくに「グリコ」時代の「一粒三百メートル」は今でも使われている名作だ。彼は、新聞紙上で「グリコ」の豆広告を量産したが、例えば「コドモハカゼノコグリコノコ」なんて短句を自身のイラストの傍にあしらった。

ところで「ハクキン懐炉」の話。見たこともない人には想像もできないと思うが、いまの携帯電話ぐらいの大きさの金属の容器があり、ここに燃料としてのベンジンを入れ、マッチやライターで着火し、その熱で体を温めた時代があったのだ。そんなふうに言うと、私が使っていたみたいだが、これはもっぱら大人の道具。昭和三十二年生まれの私は、見たことはあるが、触ったこともない。

ネットで検索すると、「ハクキンカイロ」という社名で、現在も健在だ。社史を読むと、同社は大正十二年に矢満登商会として創業。初代社長的場仁市が、白金属の触媒作用による酸化反応熱原理を発熱器に利用する特許を取得し、実用化に成功した。昭和九年には販売数五十万個を突破、十二年には隣接する三百坪の土地に三階建ての新社屋ビルを建設している。だから、この「懐春」を出している頃は上り坂にあった。

ここでわかったのは、ベンジンを燃料としているわけではない。考えたら当たり前で、もしそうなら危なくてしょうがない。正しくは揮発油である。

懐炉を使った句がないかと探したら、明治期に河東碧梧桐が「老境を争ひかねて懐炉かな」。岩谷山梔子が「黄木綿の一布に包む懐炉かな」の句を作っている。ただし、この時まだ「ハクキン懐炉」はなくて、それ以前の形のものと思われる。古くから、火鉢で温めた石を布で包み、懐へそれを忍ばせて暖を取る習慣はあったようだ。

なお、ハクキン懐炉には、模造品もたくさん出回ったらしく、「懐春」の広告で注意を呼びかけている。同時に販売店には「大特売」を実施することで、景品抽選等の特典をつけたようだ。さらに宣伝用の透明ポスター、立体切抜き人形などウインドウを飾る宣伝材料も有料で販売。昭和十年代、すでに広告の力が重視されていたことがわかるのである。

この「懐春」が出た昭和十年の国勢調査によると、日本の総人口は九七六九万人。

あと一歩のところで一億に足りないところまで膨れ上がっていた（ただし、二八四四万人は外地に住む）。平均寿命の方はと言えば、男が四四・八歳、女が四六・五歳と、現在の半分ほどだ。もっとも、この当時、乳幼児の生存率がいまより低く、結核が治療法もないまま蔓延していたから今の長命社会と単純な比較はできない。しかし、乏しい命を長らえるためにも、みんな必死で懐を温めていたのだ。

キツネに化かされなくなった人間たち

小林秀雄『考えるヒント』文藝春秋新社　昭和三十九年

いまは桜の真っ盛り。都内の桜の名所にはたくさんの見物客が押し寄せる。春の訪れを視覚的に告げ、すぐまた散っていく「桜」があるから日本に春が来る。毎年、新入社、新入学の時期に桜が咲くというのは、新人たちの門出を言祝ぐようだ。しかし、ここで書きたいことは桜そのものとちょっと離れる。

「花見」について、文章を書こうと思い、小林秀雄にそんなタイトルの随筆があったはずだと『考えるヒント』（文春文庫）をひっぱりだしたら、果たして「花見」があった。引きたいのは一カ所だけ。小林が弘前へ文芸講演に出かけたときのこと。終わった夜、料亭の座敷で夜桜見物をしていると、一緒にいた作家の円地文子が、その見事さを「狐に化かされているようだ」と評した。小林は「これはかなり正確な表現に違いない」と考える。夜空に浮かび上がる明るい桜の花びらの光景を、まるで幻のようだと思ったのだろう。

そこで考えた。二十一世紀になった現代日本で、まだ「狐に化かされる」という表現を使う人がいるだろうか。

昔から、日本の民話や言い伝えで、狐や狸が人を化かすという話はよく出てくる。落語でも「七度狐」「王子の狐」「たぬ賽」「権兵衛狸」と、狐や狸と人間のかかわり合いをテーマにした噺は多い。これらはみな江戸から明治にかけて作られたのだろうが、少なくとも当時の人は、ありえない噺というより、ある種の実感をもってこれらの落語を聞いていたのではないか。

明治二十二年（一八八九）生まれの内田百閒に「風の神」（『百鬼園随筆』新潮文庫所収）と題する小文がある。祖母とたぶん小学生だった時代の百閒の回想。風邪が流行っているのを心配し、祖母が「さんだらぼっち」と呼ぶおまじないをする。これは米俵のフタに沢庵を乗せ、一口ずつ齧ったあと息を吹きかけると、風邪の神が乗り移るというものである。そのあと、米俵のフタ（さんだらぼっち）を川へ流す。

子どもだった百閒（本名・栄造）は、夜の川へ一人で行く。このあたりの描写がみごとなのだが、ここでは話の焦点にしぼって、川に流した後の変異を。誰もいないはずの橋の下で、水音がしたのだ。百閒はそのことを、家に帰ってから祖母に告げると顔色を変えて、「あすこの橋の下には、小豆洗いの狸がいるそうだから、それが出て来たのだろう」と言う。

この場合の「狸」とは、実在する動物の狸ではない。それが証拠に、その夜、玄関の格子を叩いて「栄さん、栄さん」と呼ぶ声がする。あれは、きっと小豆洗いの狸が来たにちがいないと二人は思うのだ。おそらく、明治三十年代初めの話と思われるが、狸が化かすことをまるで疑っていない書きぶりである。

小林秀雄は明治三十五年の生まれ。少なくとも、明治生まれにとって、狐狸の類が人を化かすことは、有り得るという共通認識があったように思われる。

「日本霊異記」に、すでに狐が人を化かす話が出てくる、というが、稲荷神のお使いとして、狐を信仰の対象とする習俗は、いまだ日本のあちこちにある稲荷神社で生きている。また、大阪府の松原市では、戦後しばらくまで、人間に化けた狐が人間社会に混じって生活していたという伝承があったようだ。

しかし、これらは都市圏が宅地化され尽くす前、まだ人里と狐狸が棲みつく雑木林などが隣接していた頃の話だろう。

平成六年にスタジオジブリ製作で公開されたアニメ『平成狸合戦ぽんぽこ』は、東京・多摩丘陵を切り崩して開発された「多摩ニュータウン」が舞台。開発が始まったのは昭和四十年代だが、そこを住処とするタヌキ一族が人間に対抗を試みるという話。

昭和三十年代の懐かしい東京を描いて大ヒットした「ＡＬＷＡＹＳ　三丁目の夕日」の中で、スクーターに乗って往診する医者（三浦友和）が、酒に酔って道ばたで眠り込み、狸に化かされるシーンが出てくる。触《さわ》れそうな夢のなかで、帰宅した医者は、死んでしまったはずの妻と娘に迎えられ、幸せなひととときを過ごすのだ。

その後、人類は月に降り立ち、七〇年大阪万博で輝ける科学の未来が約束され、気がついたら、都会で狐や狸に化かされたという話は聞かなくなっていた。文明は発達し、なにごとも科学が明らかにし、無知や間違った伝承は正される。私が言いたいのは、それで幸せになったのか、ということである。

「昨日、新橋で酔っぱらってよう、駅まで何とか帰りついたんだが、それからがわからない」

「あんた、そりゃ狸に化かされたんだよ」

てな会話がもはや成立しない。狐や狸に化かされる余地を残さない社会は、ちょっと生きにくいな。

翼よ、あれが巴里院だ

『美容院と理髪店 第2』彰国社　昭和四十五年

吉田篤弘さんの連作短編集『空ばかり見ていた』（文藝春秋）は、旅する床屋さんの物語。各章に、店を持たず、放浪しながら旅先で人の髪を刈るホクトという名の理容師が各作品に登場する。彼の手にかかると、鋏は魔術のようにリズミカルに動く。時折、頭の上で小さな霧吹きからしゅっ、しゅっ、しゅっと細かい水の粒が飛ぶ。すると、レモンの匂いがあたりに漂うのだ。

「私が子供のくせに床屋を嫌いではなかったのは、たぶんそんな香りのせいだ」と、最初の「七つの鋏」の「私」は語る。

ここで「ああそうだった」と思った。私も子どもの頃、親に連れられて床屋（関西では「散髪屋」と呼ぶ）へ行くと、店内は独特の匂いがした。各種コロンや整髪料、タオルを蒸すスチーム、革の椅子の匂いなどが混じり合って、それはまさしく別世界の匂いだった。

いま、私が住む町の近くには、理容室が狭いエリアに四軒もある。ところが、中を覗いても、お客さんのいたためしがない。ただ店先の赤と青のだんだらねじりん棒がくるくると回っているだけ。私も利用したことはない。男性でも予約して美容室を利用する時代、昔ながらの理髪店、床屋、散髪屋、理容室（呼び方はさまざま）は、商売として難しくなっているのではないか。これも廃れゆく「昭和」のアイテムの一つとして数えられるようになるのか。

『美容院と理髪店』は「建築写真文庫」のうちの一冊。

このシリーズは、昭和二十八年から四十五年までに全百四十五巻も出た。店舗建築など商業施設を中心に、インテリアや住宅など、建築に関わる写真を幅広くテーマ別に編集。例えば、「映画館と小劇場」「ナイトクラブ」「和風喫茶店」「看板の意匠」「洋風の門」「居間と書斎」「和家具」といった具合。

二〇〇九年に版元の彰国社から、都築響一が新たに編集しなおして『再編・建築写真文庫（商業施設）』という大著にまとめた。目のつけどころがさすがだ。

「建築写真文庫」は、いまや昭和を懐かしむ資料として古書界で人気があり、だいたい一冊千五百円から三千円ぐらいの値がつく。欲しい巻が千円以下だったら、買っておいたほうがいい。

私がおもしろがって、ちょこちょこ買っていた十数年前までは、五百円から八百円で買えたのだが、いまではちょっと手が出ないアイテムになってしまった。

『美容院と理髪店』は、五百円時代に買った。東京・大阪の代表的な美容院・理髪店十三軒の外観と内観を収録。これが見ていてまったく飽きない。いずれも高級店だけあって、入口の看板から、受付、待合室、整髪台に椅子と、隅々にいたるまで洗練されたフォームとデザインでレイアウトされている。何よりも雰囲気が重視されている。美容院・理容室は、髪を切るだけの場所ではないことがこれでよくわかるのだ。

なかでも「巴里院」（東京都杉並区下井草）を見て、ああっ！　と思った。「郊外に建つ理髪店としては珍しく、受付台上には水槽の飾り棚を置き、中庭に面して洗髪所があり、鏡面はアーチにし田園の風潮をもとり入れている」と解説にある。なんとゴージャス。まさに王様の理容店だ。「パリ」ではなく「巴里」という表記に、大正から昭和戦前にかけて、映画やシャンソンなどから享受した、フランスの都への憧れが強く投影されている。

じつは、今は改装されて外観は変わってしまったが、わが家から西荻へ向う際、よく車で通る吉祥寺の裏通りに、この写真と似た理容店があったのだ。「四軒寺《しけんでら》」の交差点を東へ入ってすぐ。古いレンガ造り（と見えた）による外装は、昭和初期の洋風建築らしく、周囲の風景のなかに溶け込まず、ひときわ異彩を放っていた。そうだ、あれも「巴里院」で、改装された今も名前は同じ。

少し調べると、同じ名の理容店が都内に数カ所ある。下井草にも改築されてしまったが同名店があり、ほかに中野区新井、渋谷区初台の「巴里院」は、グーグルマップに外装の写真がアップされているが、これまた細いビルながら、なんとも昭和初期のテイストでいい感じ。上部がアーチを描く窓は「巴里院」の特徴らしい。

「東京人」一九九〇年二月号に、吉祥寺「巴里院」の旧店舗が見開きで大きく写っている。これこれ、これこれですよ。

「スクラッチタイル張りの堂々たる3階建ての理髪店。昭和12年に建てられた。半円アーチを持つ縦長の窓。入口上部に、シンプルな中にも戦前の昭和モダンの息吹が感じられる」

そう書かれてあります。いま考えたら、ここで一度くらい、髪を刈ってもらうんだった。

東京・青山のモダン古書店「日月堂」が、かつてサイトの目録に出した紙ものに、「巴里院美容部のマッチラベル」というものがあった。店の外観がそのままマッチラベルに使われているが、半円アーチの窓はやっぱりここにも使われている。上部にアルファベットで「PARIS-IN」と書かれてあって、これで「巴里院」と読ませるらしい。なんとも粋なもんだ。

そんなにくわしく調べたわけではないのだが、私が目を通したかぎり、山野千枝子

『光を求めて　私の美容三十五年史』（サロン・ド・ボーテ／昭和三十一年）のなかに、「巴里院」の名が出てくる。山野はニューヨークで美容術を学び、大正十一年に帰国。東京丸ビルのなかに、米国式の設備を揃えた「丸ノ内美容院」を創設した、日本美容界のパイオニアの一人。

その山野が「丸ノ内美容院」を開設する際、「当時、日本において、美容院らしいものは、マリー・ルイズ先生の巴里院と、大場理髪館婦人部ぐらいのものでした」と書いている。このマリー・ルイズこそ、日本に初めて洋式美容術を普及させた人物だった。彼女は英国公使館付武官の父と日本人の母の間に生まれ、本名は相原美禰という。十七歳で渡仏、美容術を学び、帰国後に宮家の洋装・美容のアドバイザーとなる。そして一九一三年（大正二）に、日比谷有楽町一丁目で開いた日本初の美容院が「巴里院」だった。

おそらく都内各地に散らばる「巴里院」は、彼女から美容術を教わった弟子たちが、のれん分けのようなかたちで、同じ店名をつけたのではなかろうか。

一枚の写真から、とんだ畑違いのことを勉強するハメになってしまいました。

仕草で魅せる
『ホーム・ライフ 第二巻 エチケット』講談社　昭和三十七年

東京・神田神保町の古本屋街で初めてビルを建てた古本屋が「小宮山書店」。この建物を少し脇に入ったところにある同店のガレージで、毎週末均一セールが実施されている。ふだんは車を停めているスペースが、ミニ古本市会場に変身するのだ。これがたいそうな繁盛ぶりだ。なにしろ文庫・新書は一冊百円。単行本は三冊五百円という安さ、一部除外品あり。いつも神保町族が群がっている。私は「小宮山のガレージセール」を縮めて「コミガレ」とこれを呼ぶ。

しかも均一とは言え、あなどれない。けっこういいものが並ぶのだ。同店の一階はかつて文芸書の初版本を中心にした品揃えだったが、若き後継者がこれを改革。写真集やデザイン書などビジュアル本をずらりと並べ、目にも鮮やかなフロアとなった。

総体に文芸書の動きが悪く、扱いに困るようになり、売り時を失ったものがこのガレージセールへ大量に投入されるのである。ほか、雑誌やシリーズものの大型本などもどしどし均一に落とされる。膝が震えるほどの掘り出しものは期待できないが、小さな幸せには巡り合える。

たとえば、尾崎一雄『まぼろしの記』、永井龍男『ネクタイの幅』、吉田健一訳『道楽者の手記』、『久生十蘭全集』の端本、小野十三郎詩集『最期の木』なんてところを、ここで軽々と拾った。流通の滞った地方の古本屋なら、一冊五百円でも見つからないクラスの本である。

しかし、難点は三冊揃えるという条件だ。二冊までは胸に抱えたが、あと一冊というところで風が止み、バターになるかと思うほど、ぐるぐると会場を何度も回ることがよくある。知り合いを見つけたら、「○○くん、オレあと一冊なんだけど、キミ何か欲しいのない？　百円でいいけど」と交渉することも。

この日もあと一冊というところで風が止んだ。あれでもない、これでもないと逡巡したあげく、「まあ、こんなものでも買っておくか」と手を出したのが『ホーム・ライフ』というシリーズの一冊。函入りの大判で、百科事典などと同じく、居間や応接間に洋物のスコッチと一緒に置かれるような本だった。最初はビジュアルに引かれて買ったのだが、なかを開くとこれがけっこうおもしろい。

モノクロ写真を多用し、一部カラー写真も使われている『ホーム・ライフ』（全十巻）は、「新しい暮らしの家庭百科」と題して、昭和三十七年から三十八年にかけて講談社から刊行された。ほかの巻のタイトルは以下の通り。

一　暮らしの科学
三　毎日の食事
四　結婚／妊娠／出産
五　これからの住まい
六　衣服／寝具
七　これからの育児
八　いけ花／園芸
九　家庭の経済／法律
十　家庭の医学

思えばこれも高度経済成長期の産物だ。生きるのに精一杯の時代は、食事（の作り方）も、衣服も園芸もへったくれもない。これは安定した家庭生活があってこそ成り立つシリーズだ。よりよい生活を目指して、主に主婦をターゲットに実用に徹してテーマが決められている。

そのなかでは、私の買った「エチケット」の巻は、不安定で有用性が低い方だろう。男女交際に始まり、日常の動作（立ち居振る舞い）、身だしなみ、社交術、食事のマナー、冠婚葬祭など幅広くエチケットについて取り上げられているが、一年に一度、開くかどうか。

当時はもちろん真剣だったろうが、いま読むとどうかと思われる記述も多い。

例えば手紙を書く女性の写真があって、そこにつけられた「レター」という詩。

「ことばのレース　文字の刺しゅう／心は白い紙にうつし出されて／動いて　ねがって　同意する／ことばも文字もいじらしい影／問いかけるのはいつもいのち……」

なにをどうしろというのか、よくわからないが、手紙を書く行為への誘いにはなったろう。しかし、書き写しながら少し顔が赤くなった。

「目上の訪問」という項目がある。玄関から始まり、客間の場合、洋室の場合、そして辞去に至るまで、一連の動作や注意点が、モデルの女性を使って懇切丁寧に解説されている。

「呼鈴は押し方一つでその人の人柄や感情が表れますから、押し方にも注意します」という記述には驚いた。ピンポ〜ン！　という機械がつくる音にも、感情が現れるとしたら怖い。

また、誰も出ない場合でも、玄関の戸を「ちょっと隙間を作ってのぞき込むように声をかけるのは見苦しい」という。では、どうすればいいのか。「自分が入れるくらいに開き、中から自分の姿が見えるような位置に立ちます」というのだが、まだ家に入る前から緊張度百パーセントを強いられる。

思えば、これは武家社会における作法に近い。裃をつけ、刀をぶらさげていた人間が重んじた「格式」がここで解説される「エチケット」のルーツではないか。イギリスの貴族社会などでもそうだろうけど、たしかに、エチケットやマナーが浸透した社会は洗練されて見える。

最近の出版物を調べてみたが、「エチケット」と名のつく本はここ数年で極端に少ない。一年に一冊か二冊。これは「エチケット」という言葉自体が死語になったのか、それとも「エチケット」そのものが失われたのか。私は携帯電話の普及と「エチケット」の消滅は相関すると考えている。だから『携帯電話のエチケット』なんて本は売れないと思うよ。これほど相反する言葉はないからだ。

そう言えば、人前を横切るときに腰をかがめ、手の平で空を切る「手刀を切る」という行為がありますね。ちゃんと調べたわけではないが、あれは日本独自の作法ではないか。ひょっとしたら、刀を下げていた時代までルーツが遡れるかもしれない。私もやるし、なんとなく好きだ。大げさにいえば、日本人の神秘性を示す、「エチケット」の代表例で、あの「手刀を切る」風習がなくなった時が、日本から「エチケット」が消滅した時だ。

時代をうつす本

ヅカガールの見た欧米

小夜福子『おひたち記』宝塚少女歌劇団　昭和十五年

「宝塚」は、阪神間にある地名の一つにすぎないが、「タカラヅカ」とカタカナ表記した途端、一種の〝神聖〟を帯びる。つまり、一九一三年（大正二）に当初は宝塚唱歌隊の名で結成された「宝塚歌劇団」の代名詞となるからだ。私は「タカラヅカ」を一度も観たことがないし、歌劇そのものにはほとんど興味がない。ただ、阪急・東宝グループの創設者である小林一三が、電鉄、郊外住宅、デパート、興行などを一種のネットワーク事業としてつなぎ、そのなかに咲いた「タカラヅカ」というモダニズムの聖火に多大な関心があるのだ。

阪急電鉄の前身、箕面有馬電気軌道は、その名の通り、当初は箕面を終着駅とし、梅田から有馬温泉へ遊興客を運ぶ構想だったのが、温泉の湯元に反対されたと、川崎賢子『宝塚というユートピア』（岩波新書）に書かれている。以下も同著の記述によるが、そこで手前の宝塚を終着駅とし、ここに温泉を掘り、「宝塚新温泉パラダイス館」という総合レジャー施設を作る。これが一九一二年のこと。

しかし新鉄道の乗客は少ない。なんとか乗客の掘り起こしを図ろうと、一九一四年（大正三）に大阪毎日新聞の後援を得て、「婚礼博覧会」を開催する。そこで行われた余興としての公演が第一回宝塚少女歌劇の旗揚げだった。最初は屋内プールに板を張った仮設のものを舞台にしたようだ。

少女歌劇という発想は、先行する三越少年音楽隊からのもので、これを少女に置き換えたのが小林一三の天才である。

川崎賢子によれば「一九一〇年代は女性の表現と思想の激動期となる」。「一九一一年は、女性の文化、舞台に立つ女たちにとって記念すべき年で、白木屋呉服店の少女音楽団誕生、プリマの柴田（三浦）環（一八八四－一九四六）が帝劇で初舞台を踏み、帝劇女優劇がはじまり、坪内逍遥（一八五九－一九三五）の文芸協会は『人形の家』を上演した。平塚らいてう（一八八六－一九七一）が『青鞜』を創刊したのもこの年である」

これら「女性の表現」の胎動を、激しさを「少女」という緩衝帯で撓め、後年のスローガンとなった「清く正しく美しく」のごとき糖衣でくるんで「宝塚」は誕生した。以来、何代にもわたる「ヅカファン」を生み、その熱狂ぶりは他に類をみない。

『おひたち記』の著者・小夜福子は、大正十年に宝塚音楽学校に入学し、月組の男役トップスターとして活躍した。昭和初期のタカラヅカを代表する一人だ。昭和十年には『小夜福子ポートレート』という写真集が出ているが、これがタカラヅカ初のスター写真集だった。人気のほどがわかるだろう。古書価は一万円ぐらい。

芸名は百人一首の「み吉野の山の秋風小夜ふけて古里寒くころもうつなり」と、本名・富美子に由来する。読者のほとんどは宝塚時代の姿を知らないだろうが、じつは石原裕次郎主演の映画「嵐を呼ぶ男」（一九五七）のなかで、裕次郎の母親役に扮しているのが小夜福子だ。

『おひたち記』は、人気絶頂期にある彼女が、明治四十二年に静岡県沼津市で生まれたところから、宝塚に入団するまでを書いた「私のスーベニア」ほか、海外渡航の記録、身辺雑記、自作の詩などを収める。巻頭にモノクロのプロフィール写真が掲載されているが、ややふっくらした丸顔で、短髪、二重まぶた、口元に前歯が二本覗く。現代でも通用する親しみのある美女といってもいいだろう。

本書を読んで感じたことは、小夜福子という女性に、自分のことを「フーちゃん」と呼ぶ甘えた少女性と、「タカラヅカ」のトップスターとして君臨する自立性が混ざっている。そこが魅力だ。

「私のアメリカ手帖」は、昭和十四年四月に、小夜福子はじめ「タカラヅカ」の一行が果たしたアメリカ公演の記録。

再び『宝塚というユートピア』の力を借りれば、宝塚歌劇団は昭和十三年から翌年にかけて、ドイツ、イタリアと初の海外公演をしている。ベルリンでは、あの悪名高きナチスによるユダヤ人一斉迫害事件「水晶の夜」に遭遇した、という興味深い話があるが、ここでは措く（岩淵達治『水晶の夜、タカラヅカ』〔青土社〕にくわしい）。

二度目が小夜福子が参加した昭和十四年のアメリカ公演。欧州組が帰国した翌月に神戸を出航したというから、両方ともに参加したスタッフは慌ただしい。ホノルル、サンフランシスコ、サクラメント、ロサンゼルス、ポートランドと巡業し、七月に帰国した。アメリカでは「TAKARAZUKA BALLET」と名乗ったという。

「私のアメリカ手帖」にも、船旅でハワイ公演を終えたあと、サンフランシスコに上陸したときのことが描かれている。もちろん小夜にとって、初の海外渡航であったはずだが、その態度は冷静で、いささかも物怖じしていない。

「キャビンから見た市の姿は煤けて汚い。布哇（引用者注／ハワイ）とは雲泥の差だ」と書き、日本館の見学では「日本人のサービス・ガールが振袖で英語をしゃべっているのは気がそぐわない」と手厳しい。ホテルでのパーティも「映画とそっくり。私達は余り興味が持てない」。

初の海外旅行にまるで浮かれた様子がないのだ。

バスでの移動中、ベイ・ブリッジを通過。普通なら、憧れの風景に気もそぞろになり、ついつい表現が甘くなるところ。しかし、小夜福子は違う。

「遥か下方の海面にはオレンジ色のフェアリランチが、白い尾を引いて走っている。ここから見ると、見上げる様な巨船も煙突を覗き込まれ、実にダラシがない」

『宝塚というユートピア』によれば、このアメリカ公演は「現地のスケジュールを完全に固めぬままに出発」し、「苦労の多いハプニング続きの旅だった」というから、不機嫌になっているのかもしれない。それを差し引いても、この冷徹な眼差しは注目に値する。「見上げるような巨船」を上から覗き込む風景の切り取り方は、まさにモダニストの視点だ。

大正から昭和初期、「宝塚は、いうなれば日本のモダニズムが凝縮された、日本にはかつて存在しなかったような人工的な近代都市として存在していたのだった」と、桜井哲夫は『手塚治虫』（講談社現代新書）で書く。

「当時はほとんど何もなかった宝塚の地へ、あんな無理なことをやったのは、電車を繁昌させなくてはならないから、何とかしてお客をひっぱろうとしてやった（以下略）」と小林一三は『宝塚漫筆』で内情を明かしている。開業当時の宝塚駅からして、ゴシック・リバイバルを模した三角屋根を持つ駅舎で、室内プールを持つパラダイス劇場はウィーン・セセッションスタイル。四千人を収容する宝塚大劇場はベルリン大劇場とそっくりだったし、切妻屋根にレリーフを施した宝塚ホテルでは、クリスマスには特製ディナーが用意された（参考「阪神間モダニズム」展実行委員会編『阪神間モダニズム』淡交社）。

日本にいながら、世界中のスタイルを取り込んだ宝塚にいることは、モダニズムの尖端を自然に享受することになったのである。『おひたち記』は、装幀こそ和風だが、そんな近代都市で獲得した「洋」のセンスがぷんぷん匂う本である。

小夜福子『おひたち記』より

個人所蔵のいろいろ
紙類一式 一九四二年を中心に

彼がどういう人か、いっさいわからぬままに「西脇仁一関係一式」と記された、さまざまな紙の一束を、某日某即売会で手に入れた。たしか、千円くらいだった。決め手は、「松竹座ニュース 41」がそのなかに入っていたことで、これだけでも千円くらいの値打ちはある。あとはおまけ、と買うことに決めた。

家に持ち帰り、検索すると、西脇仁一氏は東京大学工学部教授を務めた学者で、編著書として『熱機関工学』(朝倉書店・一九七〇年)などを持つ方とわかる。やっぱりネットは便利だ。どういう経緯で、これら紙の一束が古書即売会に流れたかは不明。たとえば蔵書整理の際、本にまぎれて、これらが封筒や紙箱に入っていたということか。

ちょっとわずらわしいが、西脇仁一所有の紙束をプライバシーに触れない範囲で一覧にしておきたい。

一、「松竹座ニュース」 二、「共立出版」からの通知速達(昭和十七年) 三、「日本冷却器株式会社」からの通知（昭和二十二年）四、蒲田区某所からの手紙（昭和十四年）五、日本科学文化協会よりの封書（中身はなし）六、毎日新聞社航空部宛往復はがき（毎日神社例大祭欠席）七、第一三三回　日本航空学会宛はがき（出席）八、帝国発明協会からのハガキ（昭和十九年）九、シンガポール陥落記念絵葉書（彦根のスタンプ）十、日本航空学会からの封筒（これも中身はなし）（昭和九年）十一、日本航空学会編集会通知ハガキ（昭和十四年）十二、鉛筆による原稿下書き（?）「徒然なるままに人にも聞かず（以下略）」十三、モノクロ映画スチール一枚（タイトル不明）十四、酒席集合写真（この中に西脇がいると思われる）十五、使用済み切手三枚（十銭二枚、十二銭一枚）十六、「チェリー」タバコの箱　十七、「トリアノン」宣伝カレンダー（昭和十七年）十八、硬券キップ二枚（神田より三等十五銭、六百キロまでの普通急行券）十九、北支より軍事郵便ハガキ　二十、潮来花菖蒲協会「花菖蒲銘花選」パンフ（一九六〇年）

一番古いものが昭和九年、新しいものが昭和四十五年で、昭和十年代にほぼ集中していることがわかる。その中ではやはり「松竹座ニュース」、絵葉書、タバコの箱、鉄道キップなど時代の痕跡が入っていたことが大きい。私信のみ、だったら買わなかった。ある人が生きた証しが、こうして紙片として残される。紙ってエラいもんだな、と改めて思ったのである。

手紙、通信、写真、映画館パンフなどが残ったのはわかるが、タバコの箱や鉄道キップなどはどうしたことだろう。故人が、自分で身辺整理して、遺品として残したということではないだろう。とくに想い出として残すようなものとも思えない。これは想像に過ぎないが、手紙、通信その他の資料となるべきものは、当人がちゃんとひとまとめに残しておいた。タバコの箱やキップ類は、背広のポケットに入っていたのではなかろうか。あるいは、本のページに栞替わりに挟み込んだとも考えられる。結果として捨てられずに生き延びた紙たちだ。

私はこれらをつぶさに調べあげ、くわしく考察するつもりはない。ただ、調べてわかったことを二、三報告するにとどめるつもり。それでも、未知の西脇仁一にちょっと触れたような気にはなるはずだ。

「松竹座」は大阪のほか、東京・新宿、京都、神戸・新開地などにもあったが、ここは大阪道頓堀の戎橋南詰に今でもある「大阪松竹座」。ただし、大正十二年竣工の宮殿のような建物からは、一部外観を残しながら建て替わっている。西脇の住所は通信や手紙が残されていることからわかるが、都内の西側近郊に住んでいた。世田谷区上北沢、世田谷区松原、中野区野方と、短い期間に転々としていたようだ。

「大阪松竹座」のニュース（二つ折、八ページ）を所持していたのは、おそらく大阪出張の際に赴いたものと思われる。洋画のスチール写真も混じっているから、西脇は映画が趣味だった……というより、日中戦争に突入した昭和十年代、国民の娯楽は他にそんなにはない。「日本の古本屋」という古書検索サイトにアクセスすると、「松竹座ニュース」はだいたい一点千円ぐらいの古書価がついている。私の見込みは間違いではなかった。

この手の映画館が独自に発行していたパンフレットには発行年月日が欠落していることが多く、年代を特定するのに苦労する。三ページの上映映画情報ページに「今週の映画　10月13日↓19日」とあるから、これが週報だったことがわかる。掲載された映画は「第九交響楽」（一九三五）、「作家と御婦人」（一九三七）、「紅薔薇行進曲」（一九三六）、「M」（一九三一）など。カッコ内は本国での公開年である。日本公開はそれより遅れ、ばらつきがあるため、これも特定は難しいが、ゲラの段階で、校正者の方から「一九三八年（昭和十三）十月です」と教えられた。感謝である。

さらに広告を見ていくと、コロムビアレコードの新譜案内があり、松原操・二葉あき子による「憧れの荒鷲」の文字が見える。昭和十三年の曲。これで、西脇所蔵の「松竹座ニュース」が昭和十三年のものである可能性が濃くなってきた。「憧れの荒鷲」については、今ではユーチューブその他のサイトで聴くことができる。「荒鷲」とは、当時の帝国陸軍・海軍の航空隊の愛称。「憧れの荒鷲」は、そんな戦闘機乗りに憧れる娘たちの気持ちを歌って楽しげだ。意外や軽快なワルツで、歌詞は文語体でいかめしいが、いわゆる「軍歌」のイメージとは違う。ちなみに、この「荒鷲隊」をもじった吉本興業による笑芸人の慰問部隊「わらわし隊」は、昭和十三年に結成されている。「ニュース」の奥付にあたる六ページ目の下段に「国を護った傷兵護れ」とあることからも、時代の空気が読めるのだ。

タバコの箱「チェリー」は、明治期にも売られていたが、西脇が残したものは大正十五年から昭和十六年まで売られた「太巻き」十本入り。定価は十銭だ。このあと、太平洋戦争に突入し、名前を「桜」と改める。現在、「チェリー」と同じ名で売られている製品とは、まったく別物らしい。

「シンガポール陥落記念絵葉書」で送られた私信の文面も興味深い。「シンガポール陥落」は昭和十七年二月十五日。それまでシンガポールには英米、そしてオランダ、オーストラリア連合司令部が置かれ、難攻不落と言われた。それをみごと陥落し、有名な山下・パーシバル会談が開かれた。以後、シンガポールは「昭南島」と名前を変える。このあたりまでは、まだ日本も威勢がよかった。

「この年の初めは、日本軍の緒戦の勝利がつづいた時期である。一月二日、フィリピンに進攻中の日本軍は首都マニラを占領、さらにバターン半島攻略にむかい、アメリカ南西太平洋軍総司令官マッカーサーは三月七日オーストラリアに逃れた。

二月一四日にはオランダ領スマトラ島の油田地帯パレンバンに落下傘部隊を降下させて占領」（中村政則編著『昭和時代年表』岩波ジュニア新書）

そして二月十五日シンガポール陥落。日本ではこの連戦連勝に沸き返り、各地で祝賀会が開かれお祭り騒ぎだった。しかし、同じ年の六月には、ミッドウェー海戦で大敗し、あとは泥沼だ。日本軍の優勢は、ほんのつかのま、夜空に打ちあがった花火みたいなものだった。

ところで、このハガキの表には椰子の木が四本立つその向うに、青空を背に零戦が隊列を組んで飛ぶ。地べたには戦車が、これも続々と地響きが聞こえそうな行進だ。一番下には横書きで「皇軍の赫々たる武勲に感謝し一層国債報国を期さう！」なんて書いてある。

連戦連勝の破竹の勢いのなかで「国債報国」を訴えるなんて、不景気な話じゃないかと思えるが、どうもすでにこの頃、日本の国費は尽きかけていた。

山中恒『暮らしの中の太平洋戦争』（岩波新書）によれば、昭和十七年四月に大蔵省国民貯蓄奨励局がビラを出したという。二種のうち一種は表紙に「敵が兜を脱ぐ日まで」と大書し、その下に「二百三十億貯蓄に邁進」とある。続いて解説には「支那事変（日中戦争）が始まってからの臨時軍事費予算総額は四六九億三五〇〇万円」をすでに費やしていた。そして、これら戦費は「国債」で賄われる。「その消化資金はすべて我等国民の貯蓄にまつの外ないのであります」とビラは謳う。そこで「国民貯蓄奨励」が義務づけられるというわけだ。

山中は「貧しいところから、さらに貯金で吸いあげられるのは、たまったものではなかった」と怒っている。当然だろう。山中の計算では、求められる貯蓄額「国民一人当り月一八円余りの割合」は、内輪の見積もりで、じっさいには「約一九円」に相当する。当時の低所得層の生活費は、五人家族で「一人当たり月二〇円」と見積もれば、連戦連勝のピーク時でありながら、国民に月二円で生活せよと国家は命じたことになる。「これではたまったものではない」と山中は前に使った嘆きのフレーズを繰り返している。

これだけを見ても、この先、日本に勝つ術はなかった。

また、このハガキには昭和十七年三月二十八日付「彦根」郵便局のスタンプがあり、差出人は、滋賀県犬上郡多賀町の某氏より。中身は礼状だ。前年の昭和十六年に、三つの村が合併してこの多賀町が生まれた。

もう一枚のハガキは外地からの軍事郵便。北支派遣第三〇四〇部隊佐波隊E氏より。その脇に、同隊の陸軍准尉による「検閲済」のハンコが押してある。文面に「其の後風洞実験室の方に於ても御健勝」なんて書いてあるから、西脇が身を置いた航空研究所の同僚だった人かもしれない。真中あたりに二行分、黒く墨が塗られている。何がここに書かれていたか。そのあとに続くのは「今日尚元気で軍務に励んでをります」。墨塗り（検閲）のハガキは初めて見た。じつは差出人の名も検索にかけてみたが、一件もヒットしなかった。

大した結論も出そうにないから、これで止めるが、西脇仁一のおかげで、思いがけず昭和十年代の断片を少し知ることになった。歴史を手で触ったような感触が残るのだった。

桜田常久『従軍タイピスト』春陽堂文庫　昭和十九年

桜田常久が芥川賞作家、ということはあとで知った。これを買ったのは、ひとえに「従軍」と「タイピスト」ということばの組み合わせと、いつも何かありそうな旧春陽堂文庫に引かれてのことだ。値段は五百円ぐらいだったと思う。いま、「日本の古本屋」の検索サイトで調べたら（二〇一一年二月末日）、四件がヒットし、五千円から八千円以上がついている。けっこうなお値段だ。となると、私が買ったのはお買い得だったわけだ。元本は、昭和十六年に赤門書房から同名タイトルで出ている。

桜田常久について、『日本近代文学大事典』（講談社）の人名巻には、さすがに記述があった。簡単に要点だけ拾って手を加えると、桜田は明治三十年大阪市生まれ。並木宋之介の筆名を使っていた時期あり。四高を経て、東京帝国大学独文科卒。大学時代から同人誌活動に手を染め、『平賀源内』により昭和十五年下期芥川賞を受賞。この作品は『芥川賞全集』（文藝春秋）で読める。

戦中は「従軍タイピスト」を始め、いわゆる時局小説を書き、海軍報道班員として従軍している。農本主義的求道精神のもと、戦後は農業をしながら作家活動を続けた。これが概要。今では、ほとんどその名を知る人も少ないだろうと思う。ウィキペディアにも同程度の記述はあるが、それ以上を知るには、なかなか難しいと思っていた。

ところが、名前を検索したところ、「町田市民文学館 ことばらんど」で「没後30年芥川賞作家 桜田常久展」という文学展が開かれていることが分かった。会期は二〇一一年一月二十二日から三月二十七日。入場は無料。町田なら一時間以内で行ける。こんなチャンスはまたとない。出かけることにした。ＪＲ町田駅から徒歩八分、着いた「文学館」は、一階にロビーと資料室、二階が展示室になっていた。展示室の受付は無人で、観覧者もいない。カラーのチラシと、詳細な「桜田常久年譜」（これがありがたい）をもらった。

文学館で知り得た桜田についてくわしく語ると、それだけで一本の原稿になってしまう。ポイントは、戦後に農民運動に身を投じたこと。戦中に軍事色の強い作品を書き、国策協力をしたことへの反省だった。町田に「万木草堂」と名づけた山小屋ふうの居を構え、農民と混じって畑を耕した。昭和二十六年には町田町議会議員に当選している。そんな彼にとっては、『従軍タイピスト』は封印したい作品だったろう。

こんな話だ。

「あたしタイピストとして蒙古へ行くの、もう二度と帰らないつもり」

尾沢多摩子は中国・張家口に新設された兵団の要員募集に応募し、厳正な試験に及第。男性七十二名のほかは、たった一人の女性として従軍する。昭和十三年一月のことだった。張家口は現在の河北省北西部。北をモンゴルに接した、極寒の地である。それに、交通の要衝の地として、軍備上にも重要な位置を占めていた。

のちに増員もされるが、仲間は次々と辞めていく。多摩子は休日もなく、一日十三時間ぶっとおしでタイプに向い、心身ともに疲れ果てる。

「彼女らが口で『へいちゃら、へいちゃら』とつぶやきながらタイプを打っているときは、実はそれは彼女らの泣き笑いであった。『正午までに五十枚、謄写』と貼紙のつけられた大判の原稿を手渡されたのは、もう十一時をすぎてからなのである」

あまりの過酷さに、多摩子はついに倒れ、それでも無理をして仕事を続けて、とうとう帰らぬ人となる。

うら若き乙女が、お国のために青春を捧げて悔やまない。これは明らかな戦意高揚の産物で、その筋にのっとって『従軍タイピスト』が書かれたことはまちがいない。しかし、こんな箇所はどうだろう。

「驟雨が過ぎ去ったあとには、内地では見られぬ、深い紺碧の空が輝き、院子のところどころには夕立の置きのこした行潦が鏡のように光っていた。露をふくみ、いかにも高原らしい色にさえているコスモス、龍胆が、その鏡に、はっきり、姿を映している。ここに赤蜻蛉さえ飛んでくれれば、全く内地のどこかの高原の初秋と異らない景観であった」

いかにも女性らしい繊細な抒情、悪く言えば女々しさ、故郷を思う気持ちは、男性の兵士が主人公なら、こんなにはっきりと表明させにくかったにちがいない。多摩子には、実在のモデルがあると「市民文学館」の展示で知ったが、桜田は現地でそのモデルに知り合ったのかもしれない。この多摩子の感興は、想像だけでは書けない。著者・桜田自身の思いであったかもしれない。『従軍タイピスト』は、傑作とは言い難いものの、やはり戦地をじかに踏みしめた者だからこそ書き得る戦争文学だった。

ところで、多摩子の日常を通して、中国戦線の細かな報告がなされているのだが、おや、と思ったところがある。物見遊山気分で訪問した実業家一行を批判するのに対し、H・H女史の勇気ある行動を「女性全体のために肩身の広い思いがする」として紹介している。

「閨秀画家H・H女史は、まだ小戦闘が絶えず繰り返されていたのにもかかわらず、敢然と前線に飛び出していって、ときには第一線の兵と盃を酌みかわしなどしたのであった」

この「H・H女史」とは、長谷川春子だろう。長谷川時雨の妹で画家の春子は、女流美術家奉公隊として、蒙古・満州へ派遣され、その体験を『満洲国』『北支蒙疆戦線』など複数の著作に残している。私は各種対談や、『大ぶろしき』という新書判の自伝エッセイで春子を知るのみだが、豪快でがらっパチなイメージが、『従軍タイピスト』の記述とぴったり合う。

また、タイピストとして北支へ従軍するまでの、多摩子一家の東京での日常が、わりあい詳しく語られていて、私などむしろそっちの方が興味深い。大正十二年八月、軍役を退いた父親は、一家で生まれ故郷の三河・挙母町へ住む。

多摩子六歳の十月、一家は上京し、護国寺の北、水久保に借家住まい。水久保は「すべての横町に根を張っている貧しき人々」の住む町で、坂下には大きな屋敷町が広がっていた。この「水久保」とは、現在の東池袋五丁目あたり。都電荒川線に「東池袋四丁目」という電停があるが、王子電気軌道大塚線として開業当時、ここは「水久保」という電停名であった。

坂の上と下とで貧富の差がある。この格差を嫌い、蒲田へ越した尾沢一家だったが、蒲田一帯は工場敷地に指定され、立ち退きに。借家探しが始まる。ところが、「ちいさいかたがいる」などを理由に家主が難色を示すなど、意外に家探しに手間取ることになる。昭和三年、ついに尾沢一家は「鷺ノ宮」に家を建てる。現・中野区鷺宮は、昭和の初め、東京の郊外で「一めんの麦畑のあいだに荒れはてた雑草の原が交わっていて、初冬のころには、欅の大木の梢に、ひゅうひゅう狸の泣く淋しいところだった」と『従軍タイピスト』に描写されている。

昭和二年に西武新宿線「鷺ノ宮」駅が開業しており、尾沢一家がこの地に移住するには条件が良かった。それまでは、おそらく中央線「阿佐ヶ谷」駅から北へ、約二キロの道のりを歩かねばならなかった。

多摩子が通う「城右高等女学校」は、「省線の阿佐ヶ谷から荻窪へ行く線路の側にそんな学校があったよ。儒教主義の女学校で、校長は生徒の大量生産に反対だ、とかいう噂だった」と、上官の口を借りて説明されている。これは、現在、中央線下りに乗って、阿佐ヶ谷から荻窪へ向う途中、左側に見える「文化女子大学附属中学・高校」のこと。同校の前身が、大正十五年設立の城右高等女学校だった。

小説における女学校の名前など、いくらでも創作できるのに、すべて実名を用いている。このことからも、多摩子にはっきりとしたモデルがいて、事実をもとにしていることが想像できるのだ。

桜田常久は、大正十二年に大学を卒業、十三年に京都の悉皆屋三輪平三郎の次女・英《ひで》と結婚、東京府豊多摩郡和田堀内村に住む、と年譜にある。昭和二年には鎌倉町材木座の借家に転居、昭和六年十月に町田に居を構える。ここで町田と桜田の所縁ができた。

「市民文学館」の展示を見て目をとめたことがもう一つある。

平山家へ養子に行った桜田の弟・正利と大岡昇平の意外な関係について。昭和二十年に正利はフィリピンのミンドロ島で戦死。同じミンドロ島にいた作家の大岡昇平は、戦後になって「暗号手」という作品に、正利を登場させる。「しかし正利をうまく立ち回る人物として描き、またその兄（常久）についての記述にも不満な桜田は大岡に抗議」（年譜）した。大岡は筆の滑りを認めて、桜田に謝罪したという。

こんなふうに一冊の本との出会いが、さまざまな見知らぬ世界の窓を開けてくれる。世の中には、まだまだ知らないことがあまりに多い。古本はそのことに気付かせてくれる。

ボート遭難事件の運命と真実

宮内寒彌『七里ヶ浜』新潮社　昭和五十三年

　名匠・小津安二郎の昭和十七年の作品「父ありき」にこんなシーンがある。金沢で中学の教員をする堀川周平（笠智衆）は、妻をなくし息子の良平（佐野周二）と二人暮らし。修学旅行の最中、引率する生徒がボート遊びで遭難事故を起こし、その責任を取って辞職する。

　当時、この映画を観た客のほとんどが、これは逗子開成中学のボート遭難事件をモデルにしているとわかったはずだ。明治四十三年（一九一〇）一月、現在も神奈川県逗子市にある逗子開成中学校の生徒たちが、ボートで七里ヶ浜沖合で遭難し、十二名の命が奪われた。管理責任のあった数名の教師が引責辞任をしたのである。

　この事故が人々の記憶に残ったのは、事件が新聞で大々的に報道されたほかに、追悼のために作られた歌「七里ヶ浜の哀歌」がヒットし、また事件をもとに映画「真白き富士の根」が、昭和十年に作られたせいだった。とくに鎌倉女学校の教師・三角錫子が作詞した「七里ヶ浜の哀歌」は、若くして散った美しい魂を慰撫する感動的（感傷的？）な歌で、広く浸透した。

昭和三十年代になっても、江ノ島発の観光バスではガイドが「鵠沼で胸を病む若き女教師をボートに乗って見舞いに出かけた逗子開成中学生徒十二名が、その帰りに突風を受けて遭難」した、悼ましき美談として紹介されていた。歌と映画の影響は事件から半世紀たっても消えなかったのだ。

ところが、この事件は美談でも何でもなかったことを告発したのが、宮内寒彌が昭和五十三年に上梓した『七里ヶ浜』だった。これを読むと、学生寮の舎監や生徒監の留守中に、すでに二十歳になっていた生徒が中心になって、規則を破り無許可で学校のボートを海に出した。海に出た理由は、これも無断で持ち出した猟銃で、鳥を撃って食うためだった。

歌を作った三角錫子は、たしかに若き日に肺を病み、そのため婚期が遅れて独身だったが事件当時三十九歳で、すでに若いとは言えなかった。しかも、遭難した生徒の中に、恋人のように接していた二十歳の男子がいたというのだ。美談どころではない。スキャンダルまがいの話なのだ。

事件が広まって、生徒への同情と関心が集まるなか、舎監を務めた教師・石塚巳三郎のもとには「引責自殺を勧告する投書」まであった。石塚は中学を辞めざるをえなくなり、このあと四国巡礼の旅に出る。岡山の中学に奉職し、ここで結婚し長男が生まれるのだが、この子供こそ作家、宮内寒彌だった。

『七里ヶ浜』が掲載された「新潮」を読んで、文芸時評に取り上げた江藤淳は、小学校の頃、鎌倉・稲村ヶ崎へ転地療養していて、この「七里ヶ浜の哀歌」をよく知っていたと書いている。

「日本の唱歌には珍しい八分の六拍子で、しかも長調なのに哀愁を帯びたその優美な旋律は、小学校の下級生だった私の胸に沁み入るように思われた」という。

昭和八年（一九三三）生まれの江藤は、入学した戸山小学校が合わず、病弱であったため昭和十七年に鎌倉の国民学校に転校している。この時でもまだ、子どもでも知っている歌だった、ということになる。浪漫主義に彩られた歌が、事件をどんどん美化していく。歌の力のすごいところだ。

事件当日、石塚が寮を留守にしたのは、鎌倉での見合いの話をもちかけられたからだ、その相手とは、何と、三角錫子であった。錫子は九歳も年上だったが、石塚はこれを承諾する。事件がなければ、石塚と錫子は結ばれ、宮内という作家が生まれることもなかった。わかりやすい美談のデコレーションに惑わされてはいけない。人生はかくも複雑怪奇なのである。

なお、江藤は「朝日新聞」「毎日新聞」ほか各紙上で、昭和三十三年から五十三年の二十年もの長き期間、文芸時評を担当した。そのうち、宮内寒彌の名が挙がったのは、この「新潮」掲載の『七里ヶ浜』ただ一編のみであった。

宮内寒彌は明治四十五年（一九一二）生まれ。早稲田の英文科を卒業後、昭和十一年「中央高地」で芥川賞の候補となる。弟の自殺を私小説に仕立てた「からたちの花」（昭和十七年）が評判になるなど、いわゆる純文学系の作家だった。しかし、戦後、食うために大衆作家に転身。おもに少年少女小説や、児童書の翻訳もので糊口をしのぐ。

そんな時期のある正月、中山義秀邸を訪ねたところ、酔った義秀が本身の刀を抜いて宮内に迫ったという。以下、大村彦次郎『文壇うたかた物語』（筑摩書房、ちくま文庫）から。

「おい、宮内ッ、お前は昔、私小説を書いていたくせに、なぜ、この頃、通俗小説などを書くんだッ？」

と怒鳴った。

「食えないからですよ」

と宮内さんが答えると、

「食えなければ、死ねばいいではないかッ」

と、一喝された。

宮内が『下着の女王』『恋人よおやすみ』など、タイトルからして、いかにも通俗的な小説を書いたのが昭和三十三、四年の頃。中山とのすさまじいエピソードもこの頃のことか。

『七里ヶ浜』でも、そのあたりの事情を、主人公を「畑中」と名を変えて語っている。「当時、畑中は、適齢期を迎えた二人の娘に対する扶養の義務を果たすために、二度目の召集令状を受けたものと心得よ、と自分自身にいい聞かせて、文学志望の生活を一時中断していた」

戦前に少し名前が出た程度の作家にとって、石原慎太郎を始め、大江健三郎、三島由紀夫など、真の才能を引っさげて、新しい文学を生み出す波の中では、小さなボートでせめて溺れず漂うのが精一杯だったろうと思うのだ。

タイトルで買う

浜野修『酒・煙草・革命・接吻・賭博』出版東京　昭和二十七年

われながら、これでは本が増えるはずだと呆れるのは、ときにタイトルだけで買うことがあるからだ。つまり著者について詳しく知らなくても、どういう本かがよくわからなくても、タイトルがおもしろいという一点で釣り上げてしまうのだ。『酒・煙草・革命・接吻・賭博』というのは、タイトルのインパクトだけで買った本だ。だって、すごいでしょう、このタイトル。著者の浜野修についても、買った時点では何も知らなかったのだ。とにかく、この野放図な羅列がすごい。

近年、新書の創刊ラッシュがあり、各社が少ないパイを巡ってしのぎを削っているが、それに合わせて、タイトルがなんだか変なことになってきた。中身を端的に表すという新書タイトルの常道を打ち破り、一行広告みたいな、インパクトだけでつけたようなタイトルが増えてきたのだ。養老孟司『バカの壁』（新潮新書）のミリオンヒットがきっかけだと思うが、『さおだけ屋はなぜ潰れないのか?』（光文社新書）など、かなり異色のものが目立つようになった。ちくま新書が『ウンコに学べ!』を出した時には、ついに来たか、という感じであった。これに比べたら、同じちくま新書の小谷野敦『もてない男』が穏健に見える。

『酒・煙草・革命・接吻・賭博』は、そんな新書タイトル戦争のさなかに置いてもじゅうぶん目立つ、ステキなタイトルだ。浜野はドイツ文学の翻訳者だが、自著としては戦前に『酒・煙草・賭博』(丸之内出版・昭和九年)を出している。おそらく本書はその焼き直しだ。しかし、新たに「革命」と「接吻」を加えたのが効果的で、戦前の著書に華を添えることになった。

ことば自体は明治期から使われていた「接吻」という言葉で大きな反響があったのは大正十四年。朝日新聞に連載された菊池寛の小説「第二の接吻」が大きな反響を呼び、すぐさま改造社から上梓され、翌年には映画化の運びとなる。ただし「接吻」の文字の使用はまかりならぬと、公開時には「倭文子と京子」というタイトルに変わったようだ。

古書の検索サイト「日本の古本屋」で調べたかぎり、昭和十六年十二月の太平洋戦争開戦以後、敗戦にいたるまで、さすがに「接吻」を使った書名は見当たらないようだ。ところが、昭和二十二年の邦枝完二『接吻市場』(再刊)、雑誌「リーベ」の「接吻特集号」を始め、戦後になると堰を切ったように「接吻」の語が躍り出す。日本映画で初めてのキスシーンと言われる（異説あり）佐々木康監督「はたちの青春」の公開が昭和二十一年だった。

旧作に「革命」と「接吻」を加えた本書では、「接吻」がどう扱われているか。著者は、アダムとイブにまで遡ってその歴史を繙き、各国の詩人がいかにこの愛の行為を定義しているかを見る。たとえばシェッフェルは「接吻は、コトバよりも雄弁だ。愛の黙せる詩だ」なんて謳っているそうだ。あるいは北ドイツのことわざに「唇の上の接吻は、もうひとつの接吻を約束する」という。

『酒・煙草・革命・接吻・賭博』は、このほかの各項目についての雑学知識の集成で、「西洋雑学知識の泉」と副題がつけられてもおかしくない。「タバコ・革命」の章では、歴史的にタバコと革命が直接的な関係をもった例を紹介し、あるいは「文豪とタバコ」では、シェークスピアの作品には喫煙という言葉が出てこないから、かの文豪は非喫煙者だったと推測している。本当かな。

浜野修は明治三十年埼玉県生まれの翻訳家。東大美学科を中退後、参議院、国会図書館に勤務するかたわらドイツ文学、とくにクライストの翻訳につとめた（『日本近代文学大事典』）。手がけた翻訳の数は多いが、ほとんど大正末期から昭和十八年までに集中している。戦後の出版はこの『酒・煙草・革命・接吻・賭博』などを出した昭和二十七年までなく、戦中、戦後の苦闘が偲ばれる。

生前の浜野の姿を筆でとどめているのが上林暁だ。近所に住むこの貧しい翻訳家との交遊は、小説「二閑人交游図」に滝沢兵五の名で、随筆「我が交遊記――二閑人将棋を指す図」には実名で登場している。上林の「聖ヨハネ病院にて」ほか一連の病妻ものを原作に宇野重吉が映画化した「あやに愛しき」（一九五六）で、病妻を抱えた主人公・小早川（信欣三）を案じ、なにくれとなく世話をやく友人・中沢（滝沢修）は、おそらく浜野がモデルだ。

昭和十六年初出の「二閑人交游図」で浜野にあたる滝沢（奇しくも「あやに愛しき」では滝沢修が扮した！）は、「独逸浪漫派の文学に傾倒していて、就中、ジャン・パウルだとかハインリッヒ・クライストだとかエ・テ・ア・ホフマンだとかの文学については、深い造詣をもっている。滝沢氏は、数年前夫人を喪って、家を畳み、今は女学校の一年生である娘と一緒にアパート住いをしている」と書かれている。

また「滝沢氏は、夫人を亡くする前後から、いや、そのずうっと以前から、不幸ばかり背負って来ている。古い友人は勿論、滝沢氏を知っている限りの人々は、滝沢氏の話が出るたびに、『滝沢君は気の毒な人でね』と口を揃えて同情する。頑固に独逸浪漫派の文学を信奉しているので、はやりの文学を紹介して当てるということもない。（中略）女学校へ行く娘を抱え、その毎日の生活は、まるで追っかけられるような焦慮に満ちた生活だとも言える」ともある。

侘しい身辺のことを細々と綴る売れない私小説作家で、病妻をサナトリウムへ送り、家には三人の子どもを抱える上林暁も事情は同じ、いやそれより悲惨とも言える。金はないが暇はある、複雑な事情を抱えた男二人は互いの家に足しげく通い、将棋をさし、酒を飲み、釣りへでかけて憂さを晴らす。

「二閑人交游図」にこんな場面がある。いつものごとく、小早川（上林のこと）と滝沢は夕方まで将棋をさし、一緒に銭湯へ行く。その帰り「夕食前にビイルを一本飲みませんか」と湯上がりの滝沢が提案する。ところが小早川に急ぎの仕事があり、九時まで待ってくれと言う。仕事とは執筆のことだ。

仕事を急いで片づけた小早川は、駅まで駆けつけて滝沢に電話をかける。昭和十年代に家へ電話を引いている家はまれだった。すぐ出かけましょう、の声に喜んで友人を待つシーン。全部引用する。

「それで電話を切って、小早川君は踏切のあたりをブラブラ歩いていたが、待遠しくって仕方がない。彼は出迎えするような気持で、滝沢氏に出会うまでと心に決め、そろそろと滝沢氏のアパートの方へ歩いて行った。もう十時なので、両側の店は戸をおろして、街は暗く、人通りも稀れだった。小早川君は、人影が見え、跫音が聞える度、まるで恋人を待つように胸をときめかせたが、滝沢氏は身支度に暇取ったのだろう、なかなか姿を現わさない。到頭アパートも間近くなった頃、ようやく滝沢氏らしい人影が見え、『滝沢さアん』と呼びながら手を挙げると、向こうも手を挙げた」「二閑人交游図」を読んでいて、いつもここへ来ると、うれしいような温かいような、また少し切ないような気持ちになるのだった。上林暁は一九〇二年（明治三十五）の生まれ。浜野はそれより五歳上。お互い、いい歳をした大人だったが、小犬がじゃれつくように睦み合っている。人生の不遇を、口に出さなくてもわかっていて、淋しさをまぎらすために、二人とも会わないではいられないのだ。

『酒・煙草・革命・接吻・賭博』は、おそらくよく売れて、浜野はつかのま潤ったと思われる。同じ二十七年に、同書の版元（出版東京）から、グローテ『大芸術家の恋愛書簡』が、翌二十八年には、クルト・ホッツルの『金が歴史をつくる』が浜野の訳で出ている。

昭和二十七年には、角川書店「昭和文学全集」、新潮社「現代世界文学全集」の刊行が始まり、全集ブームで出版界は好況に沸く。ドイツ文学者として浜野の出番はこれから、という時だったが、昭和三十二年に六十歳で亡くなる。

「不幸ばかり背負って来ている」と上林に書かれた浜野は、その背負った荷物を下ろすことはなかったらしい。

消える流行語

「面白くてすぐ役立つ 新語の泉」(「面白倶楽部」別冊) 光文社 昭和二十三年

昭和二十四年に公開された小津安二郎監督「晩春」で、原節子が宇佐美淳とサイクリングをするシーンがある。北鎌倉に住む大学教授(笠智衆)の娘が原節子。そこに出入りする助手が宇佐美である。原は病気もあって婚期を逸しかけており、それを心配する父親の気持ちが「晩春」のテーマだ。

周吉(笠)は、服部(宇佐美)を紀子(原)の婿にと考えるが、とっくに服部は婚約済みだと紀子に笑われる。しかし父親の直観はおそらく正しく、二人の間に何らかの精神的な交情はあったのだ。服部はそれとなく紀子にその気持ちを打明けたかもしれない。しかし、父親と二人の生活を望む気持ちが強い紀子は、それを断ったはずだ。あきらめた服部は、紀子に気持ちを残しつつ、別の恋人と婚約をする。いや、あくまで勝手な想像ですよ。

二人のサイクリングのシーン(そこから見始めた観客は二人を恋人だと誤解するだろう)、

服部には婚約者がありながら紀子をクラシックの演奏会に誘ったことなどから、勘のいい観客が気付く程度には、ほのめかされていると私は思う。結局紀子は、父親の思いあまっての策略（紀子の誤解を利用して）により、他家へ嫁いでいく。

なぜ小津安二郎となると、こんなに脱線してしまうのか。サイクリングのシーンの話だった。二人が茅ヶ崎方面の浜辺へ行く途中、コカコーラの看板と英語表記の道路標識が短い時間だがインサートされる。この一点で、「晩春」が米軍占領下の日本を舞台にしていることがはっきりわかるのだ。名著『小津安二郎の芸術』で、佐藤忠男は「晩春」について、こう書く。

「闇、パンパン、住宅難、アプレ、ストリップ・ショー、労働争議、占領軍兵士の闊歩、等々、戦後風俗を象徴するあらゆるものが出そろっていた時期である。ところが『晩春』は、それら戦後的な風俗のいっさいを、きれいに画面からぬぐい去ってみせた作品であった」

あまりにも戦後の現実を無視した小津の製作態度は、左翼系の批評家や若者たちから批判もされたのだ。しかし、指摘した通り「戦後的な風俗のいっさい」とは正確ではなく、そこにコカコーラの看板と英語標識という占領の影は、一瞬ではあるが、まちがいなく投げかけられていたのだ。

そこで「新語の泉」の話をする。まだ敗戦の屈辱と焼土の爪痕が残る昭和二十三年に、雑誌「面白倶楽部」のフロクとして出された。同じ年に出たのが『現代用語の基礎知識』。新語、流行語までを収めた現代用語の辞典で、これは現在にいたるまで、毎年発行されている。驚くべき長寿企画だ。「新語の泉」のような雑誌のフロク形式の「新語辞典」の類は無数に出ていて、私も四、五冊は持っている。集め始めるときりがない感じだ。

たとえば昭和二十九年「キング」フロクの「新語新知識辞典」は、現代人名簿もついて二百八十八ページの厚みがある。独立させて単行本として売り出されても、少しもおかしくない実質を持っているのだ。

昭和二十三年に、『現代用語の基礎知識』と、この「新語の泉」が出たことには意味がある。何よりそれが敗戦からまもない市民にとって必要なものだったからだ。

占領下、GHQの政策により、街で表示される看板や標識は、すべて横文字表記に改めさせられた。これはもちろん、日本語の読めない在留米兵の不便を緩和するためだ。

金田一春彦「言語生活五十年の歩み」(『ことばの昭和史』朝日新聞社、所収)によれば、アメリカの占領による「第一の変革は、町々に見られた英語の氾濫である」と言う。「占領軍の指令により、OFF LIMITと言うような、学校ではならったことのない英語で書かれた指示が各所に現れ、東京などの各街路には、AVE 1、AVE 2というような標識が立てられた。(中略)『ババ、ババ』とか『バイ、バイ』とかいうアメリカの単語が誰にでも覚えられ、ジープ、アメちゃん、パンパンから、闇市、戦犯、カストリのような単語が普及した」

社会が変革されれば、そこで流通することばも変わる。大学紛争の時代には、「ノンポリ」「ドロップアウト」「タテカン」「ナンセンス」など、学生を中心とした若者言葉がはびこった。敗戦後の復興期にも、外からの強制もあったが、新しい時代に対応するためのことばが次々と生まれ、消費されていったのである。

「新語の泉」は、そうした新しい時代に対応するためのミニ辞典で、「外来語、新造語、隠語等、新語がはんらんして往々、わかったようなわからぬような言葉を使う間の悪さを感じることもありますが、この『新語の泉』を是非一度お読み下さい」と表紙裏に書いてある。

「M・P・H」が「一時間につき何マイルというスピード制限」、「M・P」が「ミリタリ・ポリス、憲兵」、「オフ・リミット」が「立入禁止」の意味で「省線の日本人車両などに書いてあるが（中略）盛り場、飲食店などにも見うけます」といった解説は、占領下の外来語氾濫の現実をもっともよく表す。たしかに、戦中に米英語の使用をいっさい禁じられ、学校での英語教育も受けなかった層にとって、これらはちんぷんかんぷんだったろう。

「カストリゲンチャー」（かすとりを飲む階級）、「カサギづいてる」（さかりがつくと申しますが、同様に笠置シヅ子がついてしまうこと）、「ショバヤ」（停車場、劇場、野球場などの入口附近に立っていて、切符のないお客に、入場券なり切符なりをプレミアム附きの高い料金で売りつける商売）などは、その時代かぎりの「流行語」で、その後使われなくなった。「ショバヤ」は商売としては残っていて、いまは「ダフ屋」と呼ぶ。「たそがれている」も一種の流行語。「垢じみたYシャツに膝の丸くなったズボンなどをはいている友人に会った時、『なんだ、すっかりたそがれているじゃないか』といった工合に使う」そうだが、文学的表現と言ってもよく、たしかに昭和三十年代ぐらいまでの日本映画などで使われていたような気がする。

「テレビジョン」には「無電遠視。放送映画」と解説がつけられているが、実物を見ないことには、どういうものかさっぱりわからなかったはずだ。「投げキッス」は、新語というより、戦後に解禁されたアメリカ映画などから、新しく知った風俗といったほうがいいか。「朝出勤のパパさんが、わが家の方をふりかえり、唇にかるく手をあててから、その手をママや坊やの方にふります。なごやかな感じのいいものです」とあるが、これだけは、戦後半世紀を経ても、ついに日本には定着しなかった。日本のサラリーマンの出勤光景は、むしろ江戸期における武士の登城の姿の方に近い。

なかには「むちゃちゃ」といった、今ではまったく想像もつかない新語もある。これは「若い女を親しんでいう」ことばで、「昔は『オイ、ねえさん』というところを『むちゃちゃ!』」と呼んだというけど、本当かな。「やばい」は「隠語」で「危険な」という意味で使われ、その後も長生きしたが、いまでも若者のあいだで使われている代わりに、意味がまるっきり違ってしまっている。いまや「やばい」は、おいしいものを食べたとき、感動すべき事態にいたった時に、「非常にすばらしい」の意味で使われている。ことばが生きものであることを示す端的な例だろう。

こうして見ていくと、たしかにこの「新語の泉」は、昭和二十三年の日本人に役立ったに違いない。ところが、この本の表紙には「面白くて　すぐ役立つ」と角書きにある。「役立つ」ことはわかったが、この「面白くて」とは何か。この部分を引き受けるのが、編集として名を出しているサトウ・ハチローと渡辺紳一郎。タイトルが「新語の泉」とあるのは、昭和二十一年十二月に始まったNHKラジオのクイズ番組「話の泉」にちなむもので、二人はこの番組の人気回答者だった。そのほか、堀内敬三、徳川夢声、山本嘉次郎、大田黒元雄、春山行夫といった回答者の面々には、博識であること以外に、機智とユーモアが要求された。「新語の泉」には、その機智とユーモアがいかんなく発揮されているところが、他の同種の新語辞典と違うところ。

すべての語、にではないが、ところどころ、二人が新語に対して、短く突っ込んだり、茶化したり、半畳を入れている。どちらが書いたという表記がないが、サトウ・

ハチロー臭いものが目立つ。

たとえば「アクセント」。「抑揚」のほかに「洋装の言葉」としても使われるなど親切な解説のあとに「――このふと、ふんなふとだよ、なんていうアクセントは困りますなあ」と、訛りを嘆いている。どうもハチロー臭い。「アンデパンダン」（無鑑査で出品を許す展覧会）のあとに「――落選組が、くやしまぎれにやったこともございましたぞ」は、滞仏体験を持つ渡辺紳一郎か。まあ、どっちでもいいんですが……。競馬などの「穴」には「――あてたら、おがみたまえ、あなかしことね」は駄洒落だが、全体に硬い言葉の紹介が続くから、それを和らげるいいアクセントになっている。

「N・H・K」（日本放送協会）には「――誰だ、日本薄謝協会だというのは。放送協会の人は、いいえ日本薄給協会だといっとった」。私が初めてNHKラジオに出演したとき、ギャラの話になると「なにしろ、日本薄謝協会と言われております通り、あんまり出せません」と苦笑まじりに言われたのを思い出す。なあに、ライターは薄謝に慣れております。それに、NHKのギャラは、驚くほど安くはなかった。

遠いアメリカを描いたマンガ

チック・ヤング『ブロンディ 第2集』朝日新聞社　昭和二十一年

これは、一九四六年から五六年は「週刊朝日」、四九年から五一年には「朝日新聞」に連載されたアメリカのマンガ。作者はチック・ヤング。本国では一九三〇年から連載が始まっている。ある年代までのアメリカ人なら誰でも知っている作品だ。日本で言えば「サザエさん」か。ちなみに「朝日新聞」朝刊で、「ブロンディ」の後に連載が始まったのが「サザエさん」だ。

「ブロンディ」の連載が始まった四六年は、昭和に直せば二十一年。ついこのあいだ、アメリカとの戦争に負けたばかりだ。そこに登場したのがこのアメリカの中流生活を描いたマンガだった。最初、ブロンド美女のブロンディは未婚だったが、ダグウッドという夫を持ち、さらに長男アリグザンダー、長女クッキーと家族が増えていく。飼い犬のデージイにも五匹の小犬が生まれる。アメリカの読者は、ブロンディの一家の変遷を、遠い親戚かなにかのように見守りながら愛読した。

しかし、本国アメリカと、日本語に翻訳されたのを読む日本の読者とでは、かなり受け取り方が違っただろう。なにしろブロンディ一家は、家長のダグウッドが会社へバスで通うしがないサラリーマンらしいのに、庭つきの一戸建ての家に住んでいる。表紙にあるように、白いオープンカーを乗り回し、キッチンにはガス調理台、子供の背丈より大きな電気冷蔵庫が据えてある。家には土足のまま上がり、夫婦は寝室にあるダブルベッドで眠る。

「ブロンディ」が始まった四六年十月の日本の失業者は四十八万三〇〇〇人強。まだ焼け跡があちこちに残り、そこでの暮らしは水道も電灯も便所もなかった。防空壕をそのまま住処にする人もいた。食べるのにもひと苦労という窮乏生活をしていた。

「この年の日本経済は最悪の状態にあった。通貨はうなぎのぼりに増発され、ヤミとインフレが国民生活をおおっていた。食糧は不足し、成人一日わずか三〇〇グラムの米の配給もとだえがちであった。国民は、いも・とうもろこし、ときには豆かすさえ食べて飢えをしのぐという状態であった」（中村政則編著『昭和時代年表』岩波ジュニア新書）

これが「ブロンディ」の連載が始まった昭和二十一年の日本だったのだ。そんな敗戦国民にとって、夢のまた夢という生活を思う存分に描かれたのが、着色されたこの四コママンガ。いまの３Ｄ映画よりまばゆかったはずだ。

詩人の清水哲男のエッセイ集『ダグウッドの芝刈機』（冬樹社）の表題作で、終戦を田舎で迎えた少年（一九三八年生まれ）の「ブロンディ」体験が綴られている。ダグウッドの恐妻ぶりに呆れ、このアメリカ漫画を質としては二流としながら、「家具調度類こそは、寒村の竹の床の家に住んでいた少年にとっては、どれもこれもが羨望の的であった」と回顧する。とくにダグウッドが苦役として勤しむ芝刈り機で庭の芝を刈る姿に憧れる。

「いずれにせよ『ブロンディ』が少年の心に打ちこんだ楔は、アメリカと日本との生活感覚の相違と、圧倒的な物量保有の差」を示したという。こんな国と戦争をしていたのかと、いまさらながら深い後悔の念をみんな抱いたのではないか。

日米が違うのはそれだけじゃない。会社から帰って来たダグウッドは、キッチンで夕食の支度をするブロンディのほっぺに「ただいま」とキスをする。ところが、ブロンディは気に入らない。「旦那さんがお勤めから帰ってきたとき奥さんにするキスの仕方を教えてあげましょうね」と言い、夫を押し倒して濃厚なキスをする。四コマ目、床に倒れ込んだダグウッドは「結婚後十三年もたってもかい？」と妻に問う。これがオチ。

帰宅した夫の手始めにすることが妻へのキス、というのもオドロキなら、妻がもっと強く濃厚なキスを仕返すというのも、戦後まもない日本男子にとってはショックな

光景だろう。「サザエさん」を思い出してほしいが、マスオさんは帰宅してからサザエさんにキスしたりしない。もちろん、義理の父母と同居という条件もあるが、義父母がいなくったってしないだろう。もちろん、絶対とは言い切れないが……。

　また、夫のダグウッドにはリビングに置かれた緑色の大きな一人用ソファがある。彼はいつもここでパイプをくゆらせながら、新聞、雑誌、本を読む。近くに家族用の長いソファもあるが、一人でいるときはここだ。いわば男の居場所だ。「サザエさん」のマスオには、ついぞこのような居場所がない。いや、今だって自分専用のソファを持つ亭主はそんなにいないはずだ。半世紀以上を経ても、『ブロンディ』のアメリカは、やっぱり遠いアメリカなのだ。

遠いアメリカ
『ジャック&ベティ』開隆堂　昭和二十八年

いま目の前にある中学英語教科書『ジャック&ベティ』は、もちろん私が実際に授業で使っていたものではない。古書即売会で買った。八百円くらいか。前から欲しかったものだ。束が薄いので背文字もなく、棚に差し込まれたら、まずチェックできない。

昭和三十二年生まれの私が、中学校の机で開いていたのは「ニュー・プリンス・リーダース」。主人公の名前はロイ&パール。出版社は『ジャック&ベティ』と同じ開隆堂で、昭和四十一年から四十六年まで使われていたようだ。

さて、『ジャック&ベティ』の話。その後いろんな名前の主人公が、中学英語の教科書に登場したろうが、なんといっても有名なのはこの二人。昭和二十四年、戦後日本で初めて作られた英語リーダーの教科書で、四十六年まで体裁や中身を改めながら、二十二年もの長きにわたり、日本の中学生たちに愛された（悩ませた）。

英語のリーダーの教科書は、教科書会社によって当然ながら中身が違い、採択は各学校にまかされていた。だから、ほかの教科書で英語を習った者も大勢いるはずだが、なぜか戦後の英語の教科書といえば『ジャック＆ベティ』なのである。昭和二十二年生まれの作家・清水義範は、五十歳になったジャック＆ベティがばったり町で出逢い、会話を交わすという卓抜な小説「永遠のジャック＆ベティ」を書いている。二人はこんなふうに言葉を交わす。


「あなたはジャックですか」

「はい。私はジャックです」

「あなたはジャック・ジョーンズですか」

「はい。私はジャック・ジョーンズです」


なんとも奇妙な会話だが、日本で使われる英語の教科書は、構文中心であるため、常識的には不自然な会話となる。それをまた、律儀に訳すから、ばかていねいでぎこちない文章となるのだ。清水はそれをからかっている。そのからかい方に芸があるから、この短編は何度読んでもおもしろい。だれか、腕のある噺家さん、新作落語に仕立てないかな。

私が使った「ロイ&パール」も、第一ページ目は和訳すると「一本のペン。一つの机。これはペンです。これは机です」だった。見りゃあわかるだろう、というものだ。戦後に出た英語の教科書については、村木俊昭『なつかしの教科書』（アスペクト）でくわしく解説されている。これによると、私が所持する『ジャック&ベティ』は改訂三作目。昭和二十四年に出た初代では、父親のロバートは自動車工場のエンジニア。

ジャックの好きなものはリンゴとブドウ、音楽に野球、ベティはリンゴ、ブドウ、紅茶、飼っているオウムは「ハジメマシテ」と喋る。

　ところが昭和二十八年版では「ロバートの服装が、仕事着からスーツ姿に変わり、工場の施設もかなり機械化が進んだ。ベティはなぜかブドウが嫌いになっている」という。日本の戦後の経済復興が、そのまま英語の教科書に反映されている、ということか。清水のパロディにしろ、『なつかしの教科書』の茶化し気味の考察にしろ、それができるのは、『ジャック&ベティ』が、各世代、各教科の教科書のなかで、とびぬけて認知度が高いからだ。

昭和二十八年版の『ジャック&ベティ』（中学三年用）を前にして言えば、金髪の二人が、白い歯をみせて笑い、元気よく手を振って町を並んで歩く姿が表紙に描かれている。ジャックは白い半袖シャツにネクタイ、下はニッカーボッカーにコンビの靴というファッション。この地上に、悩みや苦しみ、貧困などありえないという風情だ。

本文を見ても、ジョーンズ一家は父親の手助けをして、広い芝生のある庭を、弟のビルは芝刈り機を動かし、ジャックはホウキを手にし、妹のメアリーはチューリップに水をやっている。その足下で犬が走り回っている。その向うに、花を飾ったアーチが見える。

ベティの家での夕食どき。テーブルクロスのかかった食卓には、複数の大皿が各人の前に並べられ、そのわきに正しい位置でフォーク、ナイフ、スプーン。ベティの父親スミス氏は、ちゃんとスーツとネクタイ姿で着席している。出てくるのはスープ、サラダ、そしてステーキだろうか。

昭和二十八年に中学三年だった日本の少年少女にこれがどう映ったろうか。「これじゃあ、日本はアメリカに戦争で負けるわけだよ」とは言わないにしても、まばゆくて直視できないほどの格差は感じただろう。

昭和二十八年は朝鮮戦争が休戦し、NHKと日本テレビでテレビの本放送が開始した年だ。日本初のスーパーマーケット「紀ノ国屋」青山店もこの年にオープンしている。高度経済成長の兆しは見えるが、庶民の生活は戦前とあまり変わらない。この年に公開された五所平之助監督「煙突の見える場所」を見ると、当時の庶民の暮しがどんなふうであったかがよくわかる。

荒川べりの密集する住宅地が舞台。通称「お化け煙突」が見える。千住火力発電所に立つ四本の高い煙突は、どこからも眺められ、方角によって三本にも二本にも見えるため、そんな呼び名がついたのだった。昭和三十九年に撤去されるまで、これは下町のメルクマールであり、復興日本のシンボルでもあった。

この煙突を見て暮らす上原謙と田中絹代夫妻が、映画の中心で、「しもたや」ともいうべき、木造二階建てに間借りしている。上の階には、芥川比呂志、高峰秀子という若者が壁を隔てて住む。芥川は高峰に気があるが、高峰は素っ気ない。部屋の中に水道はなく、洗面やハミガキは、家の前にある洗面所を使う。不便だが、そのおかげで若い男女は、朝の会話が期待できる。上原と田中の部屋には火鉢とコタツがあり、上原は帰宅すると和服に着替えるのだ。高峰の職業は街頭宣伝放送のアナウンサー。洋品店の「足袋」の売出しをアナウンスするシーンがある。まだ、和服が庶民の暮しに生きていた時代だ。

田中絹代は競輪場で働いているが、本当はミシンを買って洋裁がしたい。しかし、ミシンを買う余裕がない。家のなかに電化製品はほとんどなく、昭和二十八年に発売された国産初の電気洗濯機は二万八千五百円。当時のサラリーマンの平均月給の三、四倍もした（川本三郎『映画の昭和雑貨店』シリーズ）。現在の生活水準から見れば、どうにも貧乏ったらしいが、まわりがみな同じような暮しをしているので、とくに自分たちが貧乏だとも思わなかったろう。

しかし、中学校の英語の教科書を開けば、いやでも日本の後進国ぶりが身に沁みるのである。『なつかしの教科書』に、「J&Bで知った豊かさの味」という章があり、昭和二十年代後半から三十年代初頭ごろの日米の比較がされている。いや、大変なものですよ、ほんと！

昭和二十四年版『ジャック&ベティ』に登場するジャックの家は「5LDK（1階が居間兼応接間、書斎とダイニング、2階には寝室が3部屋と浴室）だった。同じ頃、日本の住宅事情は、子だくさんの家なら『家族3人が川の字になって』どころか、『家族の6人が州の字になって』寝ていた」。深夜に及んで、お父さんは「川」を越えて、お母さんのところへ愛情を確かめに行くわけだが、「州」だとキツい。

そのほか、『ジャック&ベティ』では、アメリカの祝日にはパーティが開かれる。

家族揃って正装し、メインディッシュや七面鳥。最後に父親がプレゼントを渡す。父親は、土曜日の朝には庭先にあるロッキングチェアに腰掛け、新聞を読む。昭和三十一年版には「テレビ」が登場。一九五四年段階で、全米のテレビ普及率は五〇パーセントを突破していた。同じ頃、日本でのテレビ普及率はたった〇・三パーセント。キッチンにはピカピカの電化された調理器具が並ぶ。「電気冷蔵庫に自働皿洗い機、電気オーブン」が揃えられていたし、ベティはフードプロセッサーまで使っている。

昭和二十八年のアメリカは、日本からの実際の距離より、もっともっと遠かった。

サガンよこんにちは

サガン『一年ののち』新潮社　昭和三十三年

ドラマや映画を観ていて、そのなかの出演者が本を読んでいるシーンがときたまある。すると、彼、彼女がいったいどんな本を読んでいるのか、気になる。これは気になるでしょう。

それは会話や映像の上で、ちゃんと書名が示されることもあれば、そうでない場合も……。使われた音楽は、これは権利関係からか、店内のシーンで流れた音楽などでもわりあい最後にきっちりとクレジットが入る。本の場合は、なかで朗読でもされないかぎり、まったくわからないのだ。

私は何が言いたいか。書名がわかれば、その本を無性に読みたくなるし、欲しくなるってことだ。そんなことでも本探しの原動力になる。

田辺聖子原作の同名短編の映画化「ジョゼと虎と魚たち」が犬童一心監督の手で映画化された（二〇〇三年公開）。これがよかった。渡辺あやの脚本がまたよかったのだ。

大阪を舞台に、足の不自由な女の子ジョゼ（池脇千鶴）と、恒夫（妻夫木聡）という大学生との恋愛を描く……と要約してしまえば、大事なものがこぼれおちそうだが、映画そのものの話じゃないからいいだろう。

さて、彼女はなぜ「ジョゼ」なんて、変な名前なのか。足が不自由で外出も思いのままにならない彼女は、同居するたった一人の家族である祖母が、外から拾ってくる本を読むのだけが楽しみ。そして、大切にしている愛読書がフランソワーズ・サガンの『一年ののち』なのだ。

一九五四年に『悲しみよこんにちは』で衝撃的デビューを果たしたサガンはこのとき十九歳。二作目の『ある微笑』（一九五六）を発表したあと、自動車事故で瀕死の重傷を負い、そのあとに書き上げたのが『一年ののち』（一九五七）だった。『すばらしい雲』（一九六一）、『失われた横顔』（一九七四）とともに、ヒロインはジョゼ。退廃の世界で男遍歴を続ける女性の名だ。

池脇千鶴扮する足の悪い女の子は、この小説を繰り返し読み、主人公の名を自らにつけてそう呼ぶ。そして、映画のなかで、この本を声に出して読む。

「いつかあなたはあの男を愛さなくなるだろう。と、ベルナールは静かに言った。そして、いつか僕もまた、あなたを愛さなくなるだろう」

そのとき、画面に映し出されるのが、新潮社刊の函入りの単行本『一年ののち』だ。

これは誰だって、本の姿に目を奪われるし、池脇の朗読の雰囲気もあいまって、どうしても欲しくなってくる……でしょう?

ところが、映画公開時点でこの本は、昭和三十三年に出た単行本はもちろん、新潮文庫の同タイトルも品切れになっていた。さて、どうする。インターネットで検索すると、なんと単行本には二万円、文庫にも二千円から三千円の値がついていた(二〇一一年十二月現在は、「日本の古本屋」という検索サイトで、世界文学全集の端本と、単行本の二冊が引っかかっただけ)。そのほかのサガン作品は入手困難でもないから、これはやはり映画を観た人が同じように欲しくなり、ネット上でヒートアップしたものと思われる。じっさい、映画の感想を見ると、この本を探しているという人がたくさんいることもわかった。

私は常時数十冊の探求書を、日ごろ使っている手帳にメモしているが、この日、あらたにサガン『一年ののち』と書き込んだ。あとは日々の修業(古本屋回り)で探すだけ。映画の中では、恒夫がやはり古本屋に勤める知人に頼んで、この本を探し出してもらっていたが、いや、実際にはかなり難しいですよ。私も長期戦を覚悟していた。

ところが、探し始めて数週間後、中央線の某店の均一台で、単行本のほうが当たり前のように見つかった。このときは血圧が上がりました。函の背が少しへこんで破れていたものの、値段は百円。読むにはまったく問題ない。あわててレジに走った。映画ではチラリと映った本を、我が手の上でしげしげと見てみると、装幀者の記載がなく、誰のデザインかはわからぬが、くねくねと曲がる枝をあしらった、いい感じの装幀。ちなみに『すばらしい雲』は宇野亜喜良がデザイン。こちらもいいです。

　この本が出た昭和三十三年にベストセラーのトップ・テンにランクインした小説は、五味川純平『人間の條件』、井上靖『氷壁』、石坂洋次郎『陽のあたる坂道』、伊藤整『氾濫』。ストーリー性のある、はっきりしたテーマを持つ小説がよく読まれた。

　それに比べると『一年ののち』は、アンニュイな香りだけを漂わせる雰囲気小説とも言えて、翻訳者の朝吹登水子（文庫版解説）によれば、発表時には本国で極端な賛否両論に分かれたという。「こんなくだらない、筋も何もないような本など退屈のかぎりだ」という声もあれば「未来の大作家を感じさせる」との讃辞もあった。いつの世にも、どこにあっても、であろう。

『一年ののち』は、一年ののち、とはいかなかったが、二年と措かず、昭和三十五年一月十五日にはもう新潮文庫に収録されている。文庫化は単行本が出た時点から早くとも三年以上待つ、という不文律があった時代、これはかなり早い。サガンの勢いを感じる。

　映画を見て、『一年ののち』を探し出してすぐ、サガンが死んだ。二〇〇四年九月、享年は六十九。『悲しみよこんにちは』でデビューした時は、ヒロインのセシルみたいだった小説家も、晩年は病気と借金で苦しんだ。
処女作『悲しみよこんにちは』のタイトルのなんと皮肉なことか。

原弘とサルトル

『世界文学全集 第46巻 サルトル／アラゴン』

河出書房新社　昭和三十七年

古本屋に二十年も三十年も通い続けていると、本に関する知識や経験はいやでもついてくる。同時に、目にも心にも知らず知らずのうちに垢がついてくる。ひねこびて、フレッシュさを失っていくのだ。

具体的に言えば、膨大な本を目にし、触って確かめることで、これはよく見る本、見ない本、あるいは相場より安い本、高い本なんて分別がついてくる。これは危険な徴候だ。本の持つ本来の善し悪しとは別に、株価の上下に一喜一憂するような、相場師根性がついてくる。そうなると、いつでもどこでもよく見る本は、それがいくら中身のいい本であっても、鼻先であしらうようになるのだ。

これではいけない。ときどきは、無駄についた知識の荷物をふり落として、リフレッシュすることも必要だ。いま、私が頭に思い浮かべているのは、例えばかつて量産された文学全集の類だ。夏目漱石全集、志賀直哉全集といった個人全集の話ではない。

世界文学全集、現代日本文学全集などと名づけられた五十巻から百巻にもなる、シリーズの全集のことだ（本来なら選集で、全集と名乗るのはおかしいのだが）。これがいま、あきれるほど古本屋で安い。昭和三十年代、四十年代にかけて、各出版社がこぞって参入し、宣伝費を投入し売りまくった残骸が、浜に打ち上げられた漂流物のように見捨てられている。

文学全集の隆盛と住宅問題はリンクすると言われている。首都圏郊外に雨後の筍《たけのこ》のように、建て売り住宅が作られていった時代のことだが、これらの文学全集はよく売れた。昭和三十年代には、ベストセラーリストに顔を出すほどだ。今川焼みたいに、型にはめてボコボコ作られていった一戸建てには、玄関を入ってすぐ脇に応接間がある。そこには家具調のステレオと応接セットとともに、ガラス戸つきの大きな本棚が置かれていた。その本棚に必ずといっていいほど鎮座ましますのが、百科事典や美術全集、文学全集などであった。高度経済成長期には、函入りの本も家具の一部だったのだ。

ところが、それらはほとんど読まれることもなく、家の建て替えや引っ越しのとき、いちばんの邪魔ものとして古本屋に処分されてしまう。売られた当時は、それでもありがたがられて、次の買い手が見つかったが、三十年四十年たつともうダメだ。古本屋の店先に一冊百円、二百円で放り出され、それでも売れずに処分されていく。

中身が悪いわけではない。内外の文学の精粋を、しかるべき文学者が選び出し、一流の翻訳家がこれを訳出した。解説や文学案内にも力を入れ、文庫本で換算すれば、二冊ないし三冊分が収まっている。それで値段は百円、二百円。カロリーはすこぶる高いのに、値段は安い。牛丼みたいなものだ。

私も、しょっちゅう目にしながら、よほどのことがないと手を出さないままに来た。お金がない二十代のころは、それでも安くて手っ取り早くて、中身がぎっちり詰まっているこの〝本の牛丼〟をよく買ったが、引っ越しの際にはゴミとして捨てるような無情な行為に出たりした。

昭和三十年代後半に、河出書房新社が出した世界文学全集（全四十八巻）などは、真っ先に打ち捨てる代表のような一つだった。標準的な単行本サイズである四六判よりひとまわり小さい、モスグリーンの函が印象的で「グリーン版」と呼ばれていた。その頃はありがたがった本体をくるんだ筋目入りビニールも、全体のくすんだ印象も、なんだかパッとしない古本の代表のように思っていた。

事態が変わったのは雑誌「Pen」の本特集。ここで、このグリーン版の写真が、なんと一ページ使っての大写しで登場したのだ。そのインパクトは強かった。変な話だが、まるで初めて見たように、「なんてかっこいいデザインだろう」となったのだった。いつもは、見過ごすこの全集の端本を、あわてて古本屋へ買いに行った。すぐに見つかって、値段は百円。サルトル「水いらず　汚れた手　ほか」と、アラゴン「パリの神話　ほか」が収録されている。

中を開けてみたら、五十年近く前の本なのにきれいなものだ。ページをめくるとパリパリ音がする。挟み込みの月報だってそのまま。たぶん、一度も開けられることなく手放したのだと思われる。

装幀者は原弘《ひろむ》。日本のグラフィックデザインの草分け的人物で、一九六〇年に亀倉雄策とともに日本デザインセンターを設立。東京オリンピックの有名なポスターも彼の仕事である。平凡社の百科事典など、シリーズものの装幀の分野でもいい仕事を残している。将来、デザイン関係に進もうと思っている人で、もしこの名を知らないとしたら、確実に笑われる。いますぐ、ボールペンで手の平に「原弘」と書いておくことだ。「ひろし」ではなく「ひろむ」と読むことを知っていれば、ポイントは高くなる。

タイトルその他の文字をすべて横組にして、水色の罫で分割。下部には作家名をアルファベットの縦長で組む。このアクセントが効いている。なんとも渋い仕上がりで、茶道具でも触っている気分だ。

原が生涯に装幀を手がけた本は千点を超える。装幀した本を収納するために、わざわざ部屋を借りたほどだ。シリーズ、全集ものの仕事が多かったから、千点といっても、全体はその数倍にもなる。

こうなると読む、読まないは二の次。いま、この原弘装幀のサルトルを枕元に置いて、寝る前に少し開いては楽しんでいる。原弘にサルトル。その組み合わせにうっとりするのである。

昭和三十年代を知る宝庫
岩波写真文庫『軽井沢』　昭和三十三年

世紀のロイヤル・ウェディングと言われた昭和三十四年（一九五九）の皇太子（現・天皇）と美智子妃の成婚。四月十日、婚礼のパレードには沿道に五十万を超える人が集まったと言われている。この日の中継を見たいがために、家庭にテレビが飛躍的に普及した。私はまだ二歳だったから、当日のことを覚えているわけはないのだが、のちに何度も繰り返して、中継映像を見ているために、なんだか、ちゃんと覚えているような気になっている。

民間から初の皇太子妃、それに二人が軽井沢のテニスコートで知り合い、交際が始まったことから、ロマンスの値打ちが上がったのだ。ある年代まで、軽井沢、テニスコートと言えば、すぐ「皇太子と美智子さま」と連想されたはず。

さて、ここに取り上げる『軽井沢』は、岩波写真文庫の一冊。表紙は、まさにテニスコートの写真が使われている。よく見ると、テニスコートのフェンスにたくさんの見物客が群がっている。テニスコート内に誰がいるかはわからないが、おそらく、噂の二人がいたにちがいない。

この本が出たのは昭和三十三年六月。二人の婚約が宮内庁から発表されるのがその年の十一月。しかし、年の初めから、皇太子妃をめぐるマスコミのスクープ合戦があり、「テニスコートに咲いた恋」については、みんな知っていた。すでに軽井沢のテニスコートはロマンスの舞台として名所になっていたのだろう。

ところが、『軽井沢』には、そんなことは一言も触れていない。当然ですね。まだ噂の段階だったし、女性週刊誌的関心を充たすために作られた本でもなかった。ただ、一カ所「ドライブする皇太子」とキャプションのついた一枚がある。車から顔を出す若き日の姿に、ひょっとして正田家の才媛と、お話をした帰りかななどと邪推が働く。

岩波写真文庫は昭和二十五年の創刊。文庫と名乗るが判型はB６判で、六十四ページに約二百点のモノクロ写真が押し込まれている。定価は百円。昭和三十四年ごろまでに二百八十六点が刊行された。これがなかなかおもしろい。一般の方相手の古本講座などで、講師を務めた際、私はよくこの「岩波写真文庫」の魅力について語り、受講者に買うように勧めた。

第一回配本は五点。『木綿』『昆虫』『南氷洋の捕鯨』『魚の市場』『アメリカ人』と、このシリーズが取り上げる視点の多様さがこれだけでもわかる。岩波写真文庫の魅力について語り出したらきりがないが、さいわいなことに二〇〇七年に、赤瀬川原平選により十点が復刻された。

赤瀬川は復刻に際し、「岩波写真文庫」から二十四冊を選び、『戦後腹ぺこ時代のシャッター音　岩波写真文庫再発見』(岩波書店)という一冊で味わい深く嘆賞している。それは、一九五〇年代の日本を振り返ることにもなった。たとえば『自動車の話』(一九五三年)。バスの待合室で椅子に腰掛け、じっと自分が乗るバスの来るのを待つ写真がある。その写真を見て、今でもバス停で人はバスを待つが、あまり来なければタクシーに乗るなどして、「待つことの切実さは薄い」と赤瀬川は言う。「とにかく大型の乗り物が来るまで待つしかないという『諦観』が、体内にしみ込んでいた」。そのことを写真が無言で定着させる。だから「岩波写真文庫」は貴重だ。

いま、チェックすると品切れ重版未定のものが多いようだが、図書館などにはあるかもしれない。ぜひ手に取ってもらいたい。なお、同文庫の編集長を務めた名取洋之助の名前は、覚えておいたほうがいい。日本のフォト・ジャーナリズムの先駆者であり、彼の下から土門拳ほか多くの写真家やデザイナーが巣立っていった。名取については彼の著書『写真の読みかた』(岩波新書)、三神真彦による評伝『わがままいっぱい名取洋之助』(筑摩書房、ちくま文庫)を探し出して読んでほしい。

さて「軽井沢」。明治期から外国の宣教師や外交官の避暑地として開かれた村が、その後、裕福な日本人の別荘地として発展していく。

「軽井沢に定住している外人は約120人、夏はその10倍位になる」と写真文庫『軽井沢』の一枚に書かれている。いま、旧軽銀座と呼ばれている通りだろう、軽井沢族がぞろぞろとそぞろ歩く写真がある。東京の銀座、神田から名店が出張し、犬を散歩させる外国人の買い物姿がシャープなカメラアイで切り取られている。

驚いたのは、日本屈指の高級別荘地を紹介するのに、新聞配達店、空きビンの回収、それに早朝の便所汲み取りの光景を選んでいることだ。皇太子のスナップを掲載した同じ本で、「軽井沢」のタイトルで、汲み取り写真はないだろう、ふつう。しかし、考えてみれば、軽井沢を舞台にした西洋かぶれの小説を書いた堀辰雄だって、トイレには行ったのである。「軽井沢」族にも日々の生活がある。その生活の匂いをカメラで切り取って見せたところが『軽井沢』、および岩波写真文庫のユニークなところ。もっと言えば、これぞ名取のフォト・ジャーナリズム精神だ。

岩波写真文庫は、昭和三十年代の日本を記録する写真の宝庫である。一小学校の子どもたちを、ケンカシーンまで写した『一年生　ある小学教師の記録』や、東海道線の車窓風景をまとめた『汽車の窓から』など傑作がたくさんある。古書価は状態にこだわらなければ百円から入手可能。せっせと集めてください。

ぼくの時代

夢の超特急
阿川弘之『なかよし特急』中央公論社　昭和三十四年

ここ数年追い求めていた本がついに手に入った。それが今回ご紹介する阿川弘之の『なかよし特急』。私はどんなに探している本があっても、基本的には目録やネットで注文せず、店や古本市など現場で出合うことを大事にしている。ところが、これはいつも脳内の探求書リストの上位に置きながら、ついぞ見かけることがなかった。ネットで検索しても引っ掛からない。難物中の難物だったが、最近、某店目録で発見し、あわてて注文したところ、わが手に落ちた。うれしかったなあ。

阿川弘之と言えば、『春の城』『山本五十六』といった戦争文学の作家として知られているが、一方で『犬と麻ちゃん』などの家庭小説を書き、『食味風々録』など名随筆家としても知られている。そして、もう一つの顔が大の乗り物好きで、『お早く御乗車ねがいます』ほか乗り物に関する著書は枚挙にいとまがない。児童向けではほかに『きかんしゃやえもん』という絵本（絵・岡部冬彦）を執筆している。

絵本の体裁で、絵や写真が多数収録されているが、文字もびっしり詰まった『なかよし特急』は、昭和三十四年四月に中央公論社から出た。まずここが大事。前年の三十三年十一月に電車特急「こだま」が運転開始する。いまの東海道・山陽新幹線の「こだま」じゃないよ。それ以前に「こだま」という特急があったのだ。東京・大阪間を六時間五十分で結んだ。「のぞみ」なら二時間三十分強だから、ずいぶん遅いと思うだろうが、それ以前は特急「つばめ」「はと」で七時間三十分かかった。「こだま」はのちに六時間三十分まで短縮するから、一時間も早くなったことになる。当時の「夢の特急」だったのだ。

それから中央公論社には当時、宮脇俊三という編集者がいた。のちに『時刻表2万キロ』を書いて鉄道紀行文学の第一人者となる人だ。奥付などに記載はないが、『なかよし特急』は明らかに宮脇という鉄道好きの編集者がいたから生まれた本だ。写真の選び方一つを見ても、本当に好きか好きじゃないか、わかるものなのだ。

『なかよし特急』は、東海道線「二宮」駅近くに住む、橋本誠という小学五年生の鉄道好きの少年が主人公。彼は名古屋から転校したばかりで友達もできず、陸橋から電車を眺め、通過のたびに電車に向かって手を振る淋しい少年だった。運転手や乗務員の間で、いつか誠少年のことが知られるようになる。

ある日、「列車を事故から救う」ことから、ごほうびに特急「はと」に乗せてもらう。さらには誠が救った「あさかぜ」に乗車していたアメリカの鉄道技師の招きで、なんとアメリカへ渡る。そこで、アメリカのさまざまな鉄道に乗るという話。

帰国した誠は、国鉄（現・JR）の好意で、クラスの友達を「こだま」に乗せてもらう。誠はいつものとおり、それを陸橋の上から見送る。このとき、「こだま」は運転開始してまだ間もない憧れの特急であるだけでなく、誠と友達の友情の証しともなった。だから本書のカバーにはクリーム色の車体に朱の筋が入った「こだま」が疾走する写真が使われている。

その後、昭和三十九年に超特急「ひかり」が運転開始したが、『なかよし特急』のような本は生まれなかった。夢や憧れや友情を乗せて特急が走る。

そんな時代があったのだ。

マンガだからこううまくいくんだね
『コダマ・まんがシリーズJQ』コダマプレス　昭和四十年

昭和三十年代の懐かしい風景を描き、二〇〇五年に公開され大ヒット、以後第三作まで作られている映画「ALWAYS　三丁目の夕日」を私は涙なくしては見られない。そのなかに、「テレビが家にやって来た日」を描いたシーンがあった。一台のテレビ（白黒）を前に、近所の人も寄り集まって、目を輝かせながら見入る幸福そのものの姿は、まるでお祭りだ。生まれた時にすでにテレビが家にあった世代では、その感動の大きさは想像がつかないだろう。

昭和二十八年に本放送が始まった日本のテレビだが、当初は受像機の価格が高く、おいそれとは買えなかった。普及率がようやく五〇パーセントを超えたのが昭和三十七年。まだ、テレビのある他人の家にあがりこんで、一緒に見る光景はあちこちで見られた。ごはん時なら、子どもなどよその家でごちそうになったりした。

昭和三十二年生まれの私の家に、テレビがやってきた日ははっきりしないが、初期の記憶として、初の衛星中継で、ケネディ暗殺の映像を一日中、流していたのを覚えている。これが昭和三十八年。小学校に入ってからも、近くに住む同級生の女の子が、うちにテレビを見に来ていた。帰りに送っていって、彼女の家までの最短距離を行くのに、途中にあった塀を乗り越えるため、私が彼女のお尻を押したことがある。男だ、女だと意識する以前の可愛い話だ。

ちょうどこの頃、夢中になって見ていたアメリカ製のアニメが「科学少年JQ」。これも、幼年期にブラウン管にかじりついて見た、「原始家族フリント

ストーン」「珍犬ハックル」など人気シリーズを制作した、ハンナ・バーベラ・プロダクションによる一作。

科学者クエスト博士のひとり息子で、冒険好きな少年ジョニー・クエスト（JQ）が主人公。魔術の使えるインドの少年ハッジ、クエスト博士の護衛を務める青年レース、それに愛犬バンディとともに、悪事に立ち向かい、さまざまな困難を切り抜けて事件を解決する。

三十分番組のラスト近くにいつも危機一髪の、スリリングなシーンが用意されているが、JQはすんでのところで都合よく助かる。そのとき、彼が言う決めゼリフにしびれた。

「マンガだからこううまくいくんだね」

虚構（マンガ）であるのを知っているのは、見ている我々視聴者だけのはずなのに、当の登場人物がそれを認めてしまうなんて……そのなんともイキな仕掛けに、まだ、あれも知らず、これも知らぬ八歳の私はまいってしまった。

その後、再放送を見ることもなく、「JQ」は私の頭の中にだけ再生できるアニメだったが、最近、古本市でこれに出会ったのである。まさか、まさかの再会に目を疑った。アニメの一話分をカラー絵本にまとめ、放送された音を収録したソノシートと呼ばれる薄いレコード盤が付録についている。二千五百円＋税と値段は高かったが、この先、二度と巡り合うことはないと確信して買った。その晩は、これを抱いて寝たい気分だった。

ただし、絵本の絵は、放送されていたアニメとはだいぶ違っている。これは版権の問題によるものだろう。クレジットはないが、日本版の描き手は堀江卓だとわかる。放送と並行してマンガ雑誌に「ＪＱ」が連載されていたが、それを描いていたのが堀江卓だと付録を入手してわかった。

ソノシートはまだ聴いていないが、「マンガだからこううまくいくんだね」のセリフは、ちゃんと入っているだろうか。

昭和三十年代子ども世界カタログ

赤塚不二夫『おそ松くん全集』曙出版　昭和四十三年

『おそ松くん』『ひみつのアッコちゃん』『天才バカボン』等々、挙げればきりがない。昭和三十年代から、ギャグ漫画の帝王は赤塚不二夫、その地位が揺らぐことはなかった。二〇〇二年脳出血で倒れ、以後病院のベッドで意識のないまま漂い続け、二〇〇八年に死去。

いま、私が少年期を送った昭和三十年代のことをあれこれ調べているのだが、当時の子ども世界をリサーチするのに、赤塚不二夫の『おそ松くん』が最良のカタログであると知った。六つ子を主人公とする同作は、昭和三十七年から四十二年まで「週刊少年サンデー」誌上に連載され、テレビアニメ化もされた。キャラクターのイヤミが驚く時にするポーズ「シェー！」は一世を風靡し、あの浩宮殿下（現・皇太子）も、映画のゴジラもやってみせた。

しかし、正直言って、赤塚は絵も巧くないし、人物中心のこの漫画は背景なども簡略で、まさか『おそ松くん』が、四十年後に重要な資料になるとは思ってもみなかった。九巻の第一話「イヤミ先生とチビ太生徒は性格あわない」は、同作の最強脇役のイヤミとチビ太が教師と生徒になって（回ごとに職業、役割が変わる）巻き起こす騒動を描く。開巻まもなく、登校途中の六つ子が猫に相撲を取らせて遊ぶチビ太と遭遇。その舞台は「土管の置かれた空き地」である。この土管と空き地は、その後『ドラえもん』にまで続く児童漫画に頻出する、子どもたちの遊びの最高の舞台だった。

「給食の時間」に、生徒の前に用意されるのはスープの椀とおかずとコッペパン。たったそれだけ。和洋中と豪華なメニューが並ぶ、現在の小学校の給食とは大違い。米飯も登場せず、おかずとパン、それにスープか脱脂粉乳という貧しい中身だったことがわかる。ときに鯨の竜田揚げ、たまに缶詰のモモが出ようものなら大喜びだった。

第二話「とつげきーっ！　ノラネコ作戦」は、紅一点トト子ちゃんの家業である魚屋が舞台。店の魚をいつも盗むノラネコを退治するため、軍服を引っ張り出し、六つ子を隊員に軍隊を結成する。太平洋戦争から二十年、まだ軍隊経験を笠に着る男たちがいたと想像される。

この中で、煙で攻撃するため大量のサンマを焼くシーンがあるが、外で七輪を出して網で焼いている。このころ、ガスレンジはあっても換気扇はなく、魚は外で焼いていたことを私もまた思い出すのだ。

最後、六つ子の一人、十四松が便所に駆け込むシーンがあるが、これまた懐かしい。庭に面した縁側の奥に便所があり、その手前、天井から下がる手洗いのタンクが見える。便所に水道はなく、水を貯めたタンクの下から突き出たノズルを押すと水が出てきて、それで手を洗う仕掛けになっていた。これもその後、消えた光景だ。

第七話「ちか道はあちらこちら」では、イヤミが鉄道会社の改札係として登場。自宅の玄関先をホウキで掃くシーンから始まるが、足元を見ると下駄を履いている。このころ、大人の男たちはふだんは下駄を愛用していた。また、改札には駅員が立ち、六つ子が出す定期券を目でチェックしている。目と手が今以上に活躍した。

昭和三十年代の風景を懐かしむことができるのは『三丁目の夕日』だけではない。『おそ松くん』を忘れてはいけない。

なお、二〇〇八年に泉麻人が、『シェーの時代「おそ松くん」と昭和こども社会』（文春新書）を上梓した。

一九七〇年大阪万博

サンケイ新聞大阪本社社会部編『これが万国博だ』サンケイ新聞社　昭和四十四年

これはどうしても昭和四十五年じゃなくて、一九七〇年ですね。大阪万博のあった年だ。私は十三歳。大阪在住だったが、なぜか万博へは一度も行っていない。まわりで万博のことを話題にしていた友だちのことも覚えがない。鉄の売買をしていた父親にくっついて、開催前の会場へ入ったことはある。まだ開催されていないのに、閉会後にパビリオンや施設の解体について、すでに計画が立てられていたのだ。

ここで紹介する『これが万国博だ』を読むと、「タカラパビリオン」設計を担当した建築家の黒川紀章、当時三十五歳がこう発言している。

「建てることより〝こわすこと〟が問題だ。（中略）あのパビリオンは二日間でこわしちゃう。これからの建築に、あの建て物が貢献できるのは実にその点なんですよ」

黒川設計、高さ二十一メートル、四階建てのガラスの「タカラパビリオン」は、棟上げしてわずか一週間あまりでできあがった。プレハブ式のユニット建築というのがミソで、壊すのも簡単だった。「こわす」ことを前提に設計するのも、期間が半年という博覧会ならではだ。

万博で思い出すのは、のちに名画座で観た山田洋次監督の映画「家族」（一九七〇、松竹）だ。これ、大好きな映画です。時代設定は公開と同じ一九七〇年。長崎県の小島（伊王島）で炭鉱夫をする風見精一（井川比佐志）とその家族が主人公。妻は民子（倍賞千恵子、美しい）。伊王島は炭鉱で発展した島で、カトリック信者がなぜか多く、精一たちも教会へ通う。そののち、七二年に炭鉱は閉鎖される。その動きを感じてか、精一は北海道で酪農をしたいと言い出す。仲間で先に北海道へ入植し、成功した者がいるのだ。

民子はこれに反対するが、精一の意志は強い。単身でも渡ると言い出し、家族五人で七〇年の春、北海道を目ざし三千キロの鉄道の旅が始まる。父（笠智衆）は、福山にいる弟（前田吟）に預けるつもりだった。しかし、弟の家も苦しく、結局一緒に北海道を目ざすことになる。成長した子どもに親が邪魔者扱いされるあたり、役者が笠智衆ということもあって、小津の「東京物語」を想起させる。

福山から大阪までは在来線。山陽新幹線が岡山まで開通するのが一九七二年三月、博多まで延びるのがようやく七五年だ。一九七〇年の山陽本線における遠距離移動はまだまだ不便だった。一家は疲れ果てて大阪までたどり着き、ここで一泊するのだが、せっかく大阪に来たのだからと開催中の万国博覧会を見てみようという話になる。さあ、そこで貴重な大阪万博の風景が記録される。

子どもを背負い、万博会場へ着いてはみたものの、なかへ入る元気もお金も時間もない。巨大な太陽の塔、大挙して押し寄せる人の波のなかで、孤立した島のようにぽつんとたたずむ風見一家の姿が印象的だ。この場面は、手持ちカメラで即興的に撮影されたという。高度成長のお荷物となり、閉鎖直前の炭鉱から逃げ出して来た一家。それと、高度成長の象徴として「人類の進歩と調和」をスローガンにした大阪万博との対比が見事だ。ここに、過去を振り返らず、突っ走っていく七〇年日本への痛烈な批判がある。

古本の世界でも、「大阪万博」に関する資料は人気が高い。大阪府茨木市の古本屋「オランダ屋」は、早くから万博関連のものに特化して集めている。ホームページを開くと、いまも「写真集、絵葉書、週刊誌、記念品、ユニフォームなど万博関連の品を高額買取いたします」の文字がある。ちなみに大阪万博ものでいえば、「太陽の塔ミニチュア」が一万五千円、「万博ふろしき」が四千円、二冊組『架構　空間　人間日本万国博建築写真集・資料集』が一万二千円。

私もどういうつもりで買ったのか、『EXPO'70 万国博記念スタンプ集』というのを持っている。「三菱未来館」が来館者に配ったもののようだ。一ページに六館、各パビリオン名と簡単な解説、そして全景のイラストが印刷され、各館のスタンプが押せるスペースが空けてある。全部で百十六館。このスタンプ集は、十一館の押し漏れがあるだけ。あとはすべて入館したことがスタンプでわかる。がんばったなあ！　人気のあまりない館はわりあい空いていて、すぐにスタンプを押せたろうが、アメリカ館など人気のパビリオンは長時間並んでようやく押せたはず。これはとても一日では無理。何度も通ったに違いない。それだけ苦労して作ったスタンプ集も、あっさりと人手に渡ってしまったことになる。「オランダ屋」なら、いくらで買ってくれるだろうか。同じ『スタンプ集』が手に入ったとしても、九割もスタンプが捺してあるものは珍しいのではないか。

おそらくもっとも手に入りやすい万博もので、日本万国博覧会協会が出した『日本万国博覧会公式ガイドブック』は、古書即売会などではざらに目にする。五百円から千円が相場で、私はこれまで四、五度買っているが、百円で手に入れたことさえある。なにしろ、六千万人以上の入場者だから、その数パーセントが買ったとしてもすごい冊数だ。

それでも、この『公式ガイドブック』を、ふだん古本屋へ行かない人に見せたら、けっこうウケるのだ。「えっ、こんな貴重なものが、古本屋に売ってるんですか！」と驚くのだ。気持ちはわかる。すでに四十年が経過しているわけだから、万博の遺物が急に目の前に出てきたら、それなりの衝撃はある。

大阪万博で来場者の度肝を抜いたのが、岡本太郎作の「太陽の塔」だろう。制作にあたって、記者会見で岡本太郎は「人まねできない、べらぼうなものができる」一九七〇年を起点にして、そのべらぼうさを日本人の生活に組み入れたい」と述べた。これも『これが万国博だ』からの知識。たしかに、それは「べらぼう」なものだった。これはどこで読んだか、「太陽の塔」制作の裏話。できあがった図面を見ると、「太陽の塔」が建つはずのお祭り広場には屋根があったが、太郎の指定によれば、塔の先端は屋根よりはるかに上にあった。しかも屋根は先にできあがっている。仕方なく、予定外の莫大な費用をかけて、屋根に穴を開けたというのだ。それでよかった、「太陽の塔」は万博閉会後、撤去される予定だったが、反対する署名運動に屈し、現在もそのままの姿で万博跡地に屹立している。

大阪万博から四十年を経て、いまや岡本太郎は大ブームで、各種関連出版や美術展などが相次いでいる。岡本太郎について語る上で、まず取り上げられる一つが「太陽の塔」であることを考えれば、よくぞ残しておいたものだと思う。万博翌年の七一年に、ロバート・ブラウンという洋酒のノベルティとして、岡本太郎デザインのグラスが作られた。「グラスの底に顔があってもいいじゃないか」と、テレビCMで語る岡本太郎は絶好調だった。流行語にもなったのだ。私はこれを持っていた。たしかに、グラスの底に、太陽の塔にある顔に似たデザインが施されていた。いま、これを持っていれば、ちょっとした価値があったろうと思うが、残念ながらとっくの昔に壊れるか捨てるかしてしまったのだろう。惜しいことをした。

万博へは行かなかったが、グラスは毎日のように手にしていた。底が分厚く、もちおもりのする大きなグラスの感触は覚えていて、それからの四十年の時間はわが掌の中にあるのだ。

『これが万国博だ』に戻れば、会場の開閉時間は、四月二十八日までは朝九時半開門の夜十時閉門。日照時間の関係なのか、四月二十九日から閉会の九月十三日までは、それぞれ朝九時と夜十時半に変わる。入場料金は、大人が八百円、小人が四百円。大人は二十三歳以上で、十五歳から二十二歳は「青年」という枠で六百円になっている。大公務員初任給がこの年、三万六千百円。そこから現在の金額に換算すると、大人の入場料金は四千円ぐらいか。

大阪万博は、未来をデザインする実験場だった。その後、各界の大御所となる若手や中堅のクリエーターたちが参加し、思う存分腕を振っている。そこが大阪万博の値打ち、とも言える。

日本鉄鋼連盟が二十億円かけた「鉄鋼館」は、「音と光による〝二十一世紀〟」を演出するため建てられた立体音楽堂。ここに、アメリカ帰りの武満徹が音楽監督として参加する。抜擢したのは同館総合プロデューサーの前川國男。当時四十歳の武満は、クセナキスに協力を依頼し、レーザー光線の演出に宇佐美圭司を起用する。

「銀色のスロープの屋根に真っ赤なドーム」、そのまわりに「まがってさびついた鉄の足場がまとわりつき」、これまた「真っ赤」なヘルメット姿の作業員の彫像がそこにある。こんな「けったいな建て物」である「せんい館」を設計したのは横尾忠則。当時、三十四歳。昭和生まれの前衛芸術家八人がかかわった同館では、映像、彫刻、照明、音を複雑に組み合わせた表現が予定されていた。スポンサーが「シナリオかコンテを見せてくれ」と事前に言ったとき（まあ、当然だろう）、総合ディレクターの松本俊夫は「そんなものはない」と言い放って驚かせたという。つまりは「ハプニング」だ。

　おまけは万博準備期間からの思わぬ横尾人気。「横尾をスタッフにきめてから映画『新宿泥棒日記』の主役に横尾がなった。高倉健とLPも吹き込んだ。『せんい館』の映画で主演女優を募集したときも『横尾さんに会えるなら……』と応募者がおしかけた。エレベーターに横尾が乗るとき、娘たちは待ちかまえている」といった過熱ぶりを同書は伝えている。

　これもまた、万博というおまつり騒ぎの産物だろうか。

金子國義の魅力

「婦人公論」一九七二年一月号　中央公論社

こういう経験はないだろうか。車のなかのラジオやカフェで偶然聞いた、よく知っている曲が、ふと耳に入って、あらためていい曲だなあと思う。それがとても気になる。さっそくCDを買ってきて、自分の部屋で聞いてみると、どうも違う。車や街で聞いた時のように、心に響いてこない……そんな経験がありませんか？

どんなシチュエーションで聞いても、元の音楽そのものは変わらない。そのはずなのに、同じように聞こえてこない。これは不思議なことだが、じつは音楽以外でもよくあるのだ。同じ本でも、置かれている場所によって輝きが違ってくる。

いま私が手にしているのは、「婦人公論」一九七二年一月号。判型とスタイルを変えて、いまも生き残っている女性雑誌だ。創刊はなんと一九一六（大正五）年一月。もうすぐ百周年だ。大正三年四月、それまで唱歌だけを歌っていた宝塚唱歌隊が「宝塚少女歌劇」と名を変え、レビューの公演を始める。大正三年には帝国劇場でトルストイ「復活」が初演され、そこで松井須磨子が歌った「カチューシャの唄」がヒットする。同じ年の四月、「読売新聞」に初めて女性欄が誕生。大正四年一月二十六日、内縁の妻が起こした婚姻不履行による賠償請求が初めて認められる。同年、電気ゴテを使ったパーマが流行する。女性の近代化が進んだのが大正時代で、そんな空気のなか創刊されたのが「婦人公論」だ。

しかし、私が欲しかった「婦人公論」は一九七〇年代初めに出たものに限定されていて、なぜなら表紙画を描いているのが金子國義だからだ。私が買った一九七二年一月号の編集後記によれば、この号から表紙が金子に替わっている。金子は六〇年代後半から、唐十郎、澁澤龍彥などの舞台美術や装幀などに関わることで頭角を現し、六七年に銀座・青木画廊で初の個展を開く。一発で「カネコだ！」とわかる、独自の絵の世界を築いている。

この金子表紙の「婦人公論」に気付いたのは、京都の古書店「アスタルテ書房」だった。マンションの一室で、店主の趣味を強く打ち出し、選びに選んだ本だけを並べるサロン的な古書店だ。陳列された四谷シモンの人形といい、骨董店にあるような本棚といい、耽美な香りがむせるような空間に、金子表紙の「婦人公論」が積まれてあった。ここに置かれている「婦人公論」は、金子が表紙を担当した時期（七四年十二月号まで）のものだったから、中身というより、表紙が大事なのだ。

それまでにも古書即売会などで、この金子の「婦人公論」を目にした記憶はあったが、「アスタルテ書房」で見た時は、はっきり私の意識が違った。光り輝いてみえたのだ。普通の即売会でも目にすることはあるが、「アスタルテ」では、ものが違うように思えたほどだ。

こうなると、はっきり言って、なかのページは真白でもいい。額に入れて飾りたいほど、金子の表紙の存在感が圧倒的に強かった。そこで一冊手に入れたのだが、「アスタルテ」ではなく、のちにこっそり某古本市で、だった。話の流れから行くと、当然「アスタルテ」で買うべき本じゃないか、とどやされてももう遅い。ごめんなさい。

それでも買った時の気分は以前とはぜんぜん違う。家に帰るまで待てずに、近くの喫茶店で点検すると、表紙だけでなく中身もすごかった。なんといっても目次を飾る書き手の豪華なことよ。巻頭グラビアの連載が「幻想の肖像」。クリムトの絵がカラーで紹介され、澁澤龍彦が解説を加えている。澁澤は、「アスタルテ」御用達の著者だ。そのほか、井上光晴、開高健がこの号から連載を始めている。

連載小説は瀬戸内晴美（現・寂聴）と渡辺淳一。大岡昇平「フィンランド紀行」もあれば、中村眞一郎「愛をめぐる断想」があり、まだ男性作家が幅をきかせているのがわかる。現在の「婦人公論」の目次は、もっと女性の比率が高い。

特集が「女はじっとしていられない」と、いかにも「婦人公論」ふうなタイトルで、河野多恵子、緑魔子、朝倉摂が女性の生き方、出産などについて、同時代の女性にエールを送る。

　個性派と冠するのさえはばかられるほど個性的な女優の緑魔子は「私は子供を産む」という一文を寄せる。リードは「一人きりなんて寂しすぎる。掌にあるたったひとつの愛は私の愛の栖家！」と詠嘆調。たしか、このとき緑魔子は石橋蓮司と同棲中で、このとき産まれた子が小学校へ上がる時に入籍したのだ……てなことを書きながら、金子の描いた表紙の女性画を見ていたら、なんだか緑魔子に見えてきたのでした。

うれし悲しき中一時代
「中一時代」旺文社

古本屋に売られているものが「本」だけではないことは、これまでに何度も書いている。だから繰り返さないが、絵はがき、マッチのラベル、ポスターなどの紙ものに始まり、こけしやブリキ缶、ギターや古いラジオまで商品として置いている店もある。私は過去に、古本屋で本棚を買ったことがある。客が本を処分する際に、こいつもついでに処分してくれと本以外のものが託される。本がなくなった後の本棚は、たしかに邪魔だ。

古本屋が本以外のものを売ってもかまわないのか？　もちろんかまわない。古本屋という職業を始めるとき、地元警察に「古書籍商」の免許申請を出すのだが、その際、「古物」も一緒に申請しておくと、本以外の書画や古物も扱える。じつに融通無碍な商売なのだ。

ここで紹介するのは、名古屋の古書会館で毎月、一、二回開かれている即売会があり、そこで手に入れたもの。マニアや海千山千の客が集まる、この手の即売会はとにかく初日の午前中が勝負、というのが鉄則で、最終日の午後に訪れたのではしょうがない。売り場はすっかり凪《な》いで、購買欲も眠ったまま。しかし、名古屋まで来たのだから何か買いたい。そこで、いつもはあまり手を出さない、玩具っぽいブツが入っている箱をかきまわすことにした。

漬物桶の底から古漬けの沢庵みたいに出てきたのが、榊原郁恵の若き日の姿だった。別にファンというわけではないが、嫌いでもない。手に取ってみると、どうも昭和五十六年に「中一時代」という雑誌を年間予約購読した人に特典として送られた景品らしい。郁恵ちゃんの豊かなバストに乗っかっているのは、黒い携帯ラジオ。「ローラーホンつき」と麗々しく書かれているが、要するにイヤホンだ。それも片耳専用。ニヤリとここで笑って、自分のお土産に千円で買った。

しかし、携帯ラジオというのはいかにも中途半端な景品だ。首から提げて聞けるというのがポイントだろうが、昭和五十六年と言えば、その二年前、五十四年七月にはソニーから「ウォークマン」第一号機が発売されている。これで若者の音楽受容のスタイルが一変する。ただし、値段が高くて、中学入学のお祝いにおいそれと買ってもらえるようなものではなかった。だから携帯ラジオでがまん、がまん。

そこで、この郁恵ちゃんの大きな胸に乗る（しつこいね）携帯ラジオ「ヤングミニマーク」。たぶん、新中学生はこれに狂喜した。いまの中学生が見たら、どう思うだろう。CD、MD、iPodと携帯型音楽再生機が進化したところで彼らは育っている。それは猿が直立し、人類に進化する過程を早回しにしたようなスピードだった。この激変を体験している者に、「ヤングミニ　マーク」がどんなふうに映るか、感想を聞いてみたいところだ。

じつは、名古屋古書会館でかきまわした同じ箱の中には、西城秀樹のシャープペンシルが五本組千五百円で売られていた。一本ずつ、秀樹の写真入り台紙がパックされていて、これを自分で貼れというのか。しかし、銀色のシャープペンシルは時代を経てくすんで見える。とても「秀樹カンゲキ！」というわけにはいかない。これは昭和五十年代の前半くらいか。この頃、学生の筆記具はほとんどシャープペンシルになっていた。

我々の頃は万年筆だった。いや、筆記具として使うというのではなく、「中一時代」の年間予約購読の景品が万年筆だったのだ。これは長い間そうだったのではないか。いかにも安っぽい、落とすとすぐにキャップが凹むような作りだったが、それでも真新しい詰襟の学生服の胸ポケットに挿せば、ちょっと大人になったような晴れがましい気持ちになったものだ。結局は、授業でも日常でもあんまり使わずに机の引き出しの隅でくすんでしまったのだが……。

ちょっと調べてみると、「中一時代」は昭和三十一年に旺文社から創刊された。ライバル誌に「中一コース」（学研）があり、芸能誌の「平凡」と「明星」みたいな関係にあった。ちなみに私は「コース」と「明星」派。どこがどうというわけではないが、全体にこの二誌の方が垢抜けしているように見えた。「時代」と「コース」は、中高の各学年別に月刊で出され、いまほど学習塾などの受験産業が活発でないころ、授業の補完と受験対策的役割をこれら学習雑誌が果たした。その役割を終えた平成三年（一九九一）に「中一時代」は休刊となった。

ところで、「まんだらけ」のサイトを見ると、「中一時代」も商品としてアップされていて、昭和五十二年度の五冊が五千円＋税の値がついている。これは、手塚治虫・原案、平賀サイスケ・絵による「ジェッターマルス」の連載掲載号だから。同じ年度でも他の号のバラなら六百円＋税くらいで買える。意外に安い、という印象ではないか。ちなみに、この年度の表紙を飾ったアイドルは、西城秀樹、清水健太郎、山口百恵、りりィ、キャンディーズ、岸本加世子といった面々だ。

「中一時代」年間予約購読の景品も、昭和五十九年には河合奈保子がモデルを務めた「ハイ・ポーズ　カメラ」。携帯ラジオがカメラに進化した。昭和六十一年には岡田有希子がテレビＣＭに出演し、新中学生に対して景品にラジオ付きカメラをプレゼントすると宣伝。ここで携帯ラジオとカメラが組み合わされ、いわば榊原郁恵と河合奈保

子がドッキングしたことになる。

ところが、岡田有希子ファンの少年たちが、ユッコの勧めたラジオ付きカメラをもらって、詰襟の学生服に袖を通した頃、そのラジオで衝撃的なニュースを聞くことになる。昭和六十一年四月八日、岡田有希子は所属する芸能プロの本社ビルから身を投げて地面に叩き付けられた。まだ十八歳だった。

昭和六十一年の新中学生は、いわゆる第二次ベビーブームの子どもたち。国立・私立中学の受験戦争は激化した。私立開成中学の競争率は二・九倍。十二歳で熾烈な受験戦争をくぐり抜けた少年たちのうちの何割かが「中一時代」を予約しただろう。おそらく景品のラジオつきカメラの入った箱には、岡田有希子の微笑む写真が使われたはずだ。試練を乗り越えた彼らも、今ではもうすぐ四十に手が届こうかという年齢になっているだろう。

学生運動とジャズ喫茶

季刊ジャズ批評別冊『ジャズ日本列島50年版』
ジャズ批評社　昭和五十年

そば屋や居酒屋でもジャズを流す時代。ジャズはお洒落な音楽ジャンルとして認知され、大衆化し、街に自然に浸透した感がある。それでいいじゃないか、という意見もあるだろう。たぶん、それでいいのだ。

ただ、六〇年代から七〇年代にかけて、学生街にあった「ジャズ喫茶」と呼ばれる形態の不思議な熱気を、それを知らない世代に、どうやって説明しても伝わらないだろう。

「たいてい、地下とか二階にあってさ、ドアを開けると、いきなり耳を押さえたくなるような馬鹿でかい音が鳴ってる。店内は薄暗くて、私語はいっさいない。というより、喋り声なんか聞こえないんだよ。みんな腕くんでうつむいているか、難しそうな本を読んでて、しきりに身体や足をゆすっている者もいる。コーヒーの値段は、ふつうの喫茶店より二、三割方高くて、おそろしくマズいの。便所は汚くて、壁は落書きだらけ」

それを聞いて「おもしろそうですね。ぼく（わたし）も行ってみたい」と若者が言うだろうか。

そんな不思議な空間は、じつはいまでもあるが数は減っている。古本屋やタバコ屋、銭湯や純喫茶、雀荘と同じく、全盛は七〇年代の半ばぐらいまでか。そのころは、本や雑誌もよく売れた。いま、私の目の前にある「季刊ジャズ批評」の別冊『ジャズ日本列島　50年版』は一九七五年の刊。このころ、毎年「年鑑」として、日本のジャズ喫茶を網羅してガイドする「別冊」が、季刊ジャズ批評から出ていた。「スイング・ジャーナル」などとともに、ジャズ喫茶備え付けの本棚に必ずあった。

小学館の編集者で、ジャズ評論家でもある村井康司は著書『ジャズ喫茶に花束を』（河出書房新社）の冒頭にこう書いている。

「国内旅行や出張のときも、その街にジャズ喫茶はあるのか、あるとしたらどこなのか、ということがまず気になる。『ジャズ批評』という雑誌の別冊に『ジャズ日本列島』なる全国ジャズ喫茶のガイドブックがあるのだが、旅行に行くとき、ふつうのガイドブックは忘れても『ジャズ日本列島』だけは忘れないというヒトなのです、わたくしは」

われわれ古本者における『全国古本屋地図』みたいな役目を、ジャズ者においては、この『ジャズ日本列島』が果たしていた。七〇年代後半は、ちょうど私にとって京都で学生生活を送っていた時期で、その頃はたまにジャズ喫茶に行った。しかし、『ジャズ日本列島』を必携にするほどのジャズ者ではなく、ここに紹介する一冊も、あとになって古本屋で買い求めたものだ。

私がこの昭和五十年版の『ジャズ日本列島』を古本屋で買ったのは、そこに「しあんくれーる」の記述があったからだ。立命館大学に入学した昭和五十二年、当時、広小路にあった大学キャンパスへ通うようになって、まず最初にしたのが、このジャズ喫茶「しあんくれーる」を訪問することだった。立命館大学とセットになったような、そこは伝説のジャズ喫茶だったのだ。

住所は京都市上京区河原町荒神口電停前。まだ、河原町を市電が走っていて、「荒神口電停」で降りたら、すぐのところに「しあんくれーる」があった。一階がクラシック喫茶で、二階がジャズだ。この二階へ、階段を上がっていって、ドアを開けたとき、風圧のように音の洪水を身体に受け止めた日のことを忘れていない。ジャズ喫茶そのものに入ったのも、「しあんくれーる」が初めて。薄暗がりのなかでうずくまるように座る長髪の男たちを前に、身の置き所がないような不安な気持ちになったものだ。

『ジャズ日本列島』を見ると、「しあんくれーる」はこの年「20年目」で、レコードは「約３５００枚」。毎月第三日曜に、久保田高司解説によるレコード・コンサートがあった由。知らなかったなあ。アンプはマッキントッシュ、スピーカーはＪＢＬ。ちなみに店名は「思案に暮れる」と、フランス語の「champ clair」を掛けている、はずだ。

ちなみに昭和四十七年版『ジャズ日本列島』の、同じく全国ジャズ喫茶アンケートの「しあんくれーる」の項を見ると、「ジャズ喫茶を始められた動機」に「昭和三〇年、私がしあんくれーるを開いた時、その時点ではまだジャズ喫茶はユニークだったから」と答えている。同じ号の巻頭で、相沢史郎・三橋一夫対談が掲載され、司会の松阪比呂（「ジャズ批評」編集長）が最初にこう述べている。

「北は北海道稚内から網走、南は沖縄まで音楽喫茶のない県はひとつもないことと、それが一九六〇年以後、特に多くなったことがわかった」

三橋の「戦前と戦後のジャズの聴き方の違い」という問題提起に対し、相沢が「学生の間でジャズが聞かれ出したのがやはり六〇年安保の頃からで、それ以前はジャズなんか聴いてるとやり込められた。いわゆる総括ですよ（笑）」と返しているが、これは学生運動とジャズの関係を考えるための貴重な証言だと思う。

大学は翌年に衣笠へ移り、けっきょく「しあんくれーる」へ行ったのは四、五回ほどだったが、強烈な印象だった。なぜ、それほど「しあんくれーる」にこだわったかと言えば、これはもう高野悦子『二十歳の原点』のせいだ。ちなみに、みんなこれを「はたちのげんてん」と呼ぶが、本当は「にじゅっさいのげんてん」だ。

一九六九年に「二十歳」だった高野悦子という立命館大学文学部史学科へ通う女子大生は、その年の六月二十四日に鉄道自殺を図り、この世を去る。大学ノートにのこされた日記が、一九七一年に新潮社から出版されベストセラーに。のちに映画化もされた。純粋さゆえに、学生運動と恋の両方から撤退し、孤立していく二十歳の若者が生きた証しが日々の日記につづられている。その日記にひんぱんに出てくるのが「しあんくれーる」（高野は「シアンクレール」とカタカナで表記）だったのだ。見落としもあるかもしれないが、少なくとも十回は、この喫茶店の名が日記に記されている。ほかに「ダウンビート」、「リザ」、「ろくよう」（六曜社）の名前も出てくる。

のち「序章」「ノート」と『二十歳の原点』三部作が相次いで出版され、総計三百五十万部を売り上げたと言われる。私が後輩として立命館大学に入学した一九七〇年代後半、『二十歳の原点』を読んで立命館を受験したという女の子がまだいた。彼女もまた、下宿探しするために京都入りしたとき、「しあんくれーる」へ行ったと告白した。

一九六九年一月二日に二十歳になった高野悦子は、成人式を迎えた十五日、「『独りであること』、『未熟であること』、これが私の二十歳の原点である」と書き付けた。

「私に期待される『成績のよい可愛こちゃん』の役割を演じ続けてきた」ことのみにより存在していた十代。二十歳になり「『私』は存在しなかった」と書いた六九年一月十七日、立命館全共闘が中川会館を封鎖する。バリケードが築かれ、赤旗がなびき、ヘルメットの学生がマイクでアジテーションをする。

寮問題に端を発する立命館大学の闘争は、機動隊の導入に反撥して激化した。「成績のよい可愛こちゃん」の仮面を脱いだ高野悦子は、全共闘運動に加担していくのだ。二十歳の原点であったはずの「独りであること」が集団の一員となることで、「傍観は許されない。何かを行動すること」が要求され、その「何か」を模索し、傷ついていく。

そんな彼女の「独りであること」を確認させてくれるのが「しあんくれーる」だった。二月一日には、その「しあんくれーる」で日記を書いた。「真剣に不信も無力感も感じてはいるが、何の態度も表明できずにいる無力な私、どっちもどっちだと考えることで辛うじて己れの立場を守っている私」と書く。

日記に記される言葉は、痛ましい「私」の空転の連続だ。時代は下って、政治の季節ではなくなった私の世代でも、「『私』の空転」という一点で、強くシンパシィを感じたのだった。

四月十二日、悦子は乱雑な部屋でパンを食べながら昼のニュースを聞く。国鉄の運賃値上げ反対の労組ストで、処分者が出たと聞いて「どうしようもない怒り」を抱き、「自分の足をこぶしで打つ」。午後、大学で中核派のデモを目撃したあと「しあんくれーる」へ。

「『シアンクレール』に五時半までいた。なんであんなにいいんだろう。あれを全身できいていると体が生気あふれるのだ。最後にThe Sound of Feelingをきいてバイト先に急ぐ」

「The Sound of Feeling」は双子の美人姉妹「SPLEEN」のボーカルによる一九六九年のアルバム。もちろん輸入盤だったろう。ジャズ喫茶が、あれほど六〇年代から七〇年代前半に流行したのも、一つは当時の輸入盤が高価だったせいだ。おそらく、現在の金銭感覚でいえば、一枚が一万五千円から二万円ぐらいした。貧乏学生がおいそれと買えるものではなかったのである。そこでジャズ喫茶に通い、新譜をチェックし、一杯のコーヒーで長々とねばるわけだ。

高野悦子は、そのうち夜にも「しあんくれーる」へ行ってお酒を飲むようになる。サントリー「ホワイト」をオンザロックで飲み、「スティーヴ・マーカス」の「Tomorrow Never Knows」をリクエストする。リクエストしたのに、その曲がかかったとき、自分の心に「あまりにもぴったりくるので」、ジャケットを見に行って、初めて自分がリクエストした曲だと気付く。正直なジャズ初心者ぶりに頬がゆるむ。

最後の日付となった六月二十二日、やはり、昨日「しあんくれーる」へ行ったときのことを書いている。話しかけてきた女の子にサイクリングに誘われるが、「私やめるわ。一週間も先のことどうなるかわからないし」と断る。睡眠薬を飲むが、眠気は訪れず、「何もないのだ。何も起らないのだ。独りである心強さも寂しさも感じないのだ」と書く。そして自作の詩が日記の最後の記述となる。それはこう始まる。

旅に出よう
テントとシュラフの入ったザックをしょい
ポケットには一箱の煙草と笛をもち
旅に出よう

出発の日は雨がよい
霧のようにやわらかい春の雨の日がよい
萌え出でた若芽がしっとりとぬれながら

そして富士の山にあるという
原始林の中にゆこう

ゆっくりとあせることなく

（後略）

六月二十四日、山陰線の天神踏切附近で、高野悦子は疾走する列車に飛び込んだ。『二十歳の原点』を読んでいると、実家にも大学にもアルバイト先にも、自分の身の置場がない二十歳がいる。一月二十五日、クラス討論に出るが「シックリ参加」できない自分を発見し、文学部大衆団交も「つるしあげ」にしか見えない。また「それを何とも表現できなかった自分」に苛立つ。カミソリで指を切るなど、自傷行為をこの年、たびたびしている。危なっかしくてみていられない。

一歩、町へ出たら「私はみじめ」になる。「センスのない安ものの洋服を着た不格好な弱々しい姿」に耐えられない。思い切って河原町通りのパチンコ屋へ入ったことを「からを打ち破った。勇気あることだと」思う程度の、切ないレジスタンス。

そんな彼女が、唯一、心の羽根を広げられるのが、どうやら「しあんくれーる」を代表とするジャズ喫茶らしいのだ。三月十一日、しあんくれーる。「ジャズには何故ひかれるのだろうか。ビートは心臓から送られるビート、指の先から関節の間を流れる血のリズム。私は聞いていてふと思った。私の体の中心はどこにあるのかと。頭かしら心臓かしら、それとも下腹部かしらと」。

外界から遮断された異質の厳粛なる空間、という意味では「ジャズ喫茶」は、僧院のようであるし、一杯のお茶を、私語厳禁など約束事の多い狭い部屋で飲むという点では茶室のようでもある。現在でも健在の京都「YAMATOYA」店主・熊代忠文を取材した、前出『ジャズ喫茶に花束を』の村井康司は、「昔は店主とお客の間で無言の闘いやコミュニケーションがしっかりと存在していたのだなあ」と感動している。

二月十八日、立命館・存心館の封鎖。学生側と機動隊の間で、火炎瓶、放水などの衝突があった。その日、仲間三人と議論。「私の場合、言葉が一つ一つ話した直後に己れ自身に刃をつきつけてきた。相手をつきさすと同時に自分にははね返ってくるのである」と書く。つねに立場の表明と、ことばによる論理の構築が求められるのがこの時代であった。無言でいることができて、音の洪水に身をゆだねているだけでいいジャズ喫茶は、かっこうの避難場所であった。死は選ばなかったものの、無数の高野悦子が、六〇年代末から七〇年代にかけて、全国の学生街のジャズ喫茶にたむろしていたのではないか。

おもしろいがいい!

糸井重里責任編集『ヘンタイよいこ新聞』パルコ出版　昭和五十七年

手に触れたものを金にする、ギリシャ神話の王みたいに、八〇年代の糸井重里が手を触れれば、それがみなトレンドとなった。

「ヘンタイよいこ新聞」は、若者パロディー雑誌「ビックリハウス」に一九八〇年から連載が始まった。いわゆる投稿ネタで、旗ふり役の糸井が「この指とまれ!」と宣言すると、全国のおもしろいことならなんでもやりたい若者たちが、糸井の指につかまってぶらさがったのである。

「ビックリハウス」は一九七四年に創刊されたサブカルチャー雑誌。初代編集長は萩原朔美、のち高橋章子に受け継がれ、八五年までに一三〇号まで出て休刊した。私もまた、「ビックリハウス」の愛読者だった。高校からの帰り、最寄りの駅前にある書店で、いつも立ち読みをしながら、ニヤニヤ笑っていた。「リンゴ特集号」の、リンゴが腐っていくのを萩原朔美がコマ撮りした写真に衝撃を受けたりもした。

投稿こそしなかったが、ことわざや名言をもじった「教訓カレンダー」など、自分で頭をひねりながら考えたものである。大阪の高校生だった七〇年代、パルコ文化の実体を知らず、シブヤの匂いを実感するのが「ビックリハウス」だった。

この世界に入り、萩原さんにも高橋さんにも取材でお目にかかったとき、少なからず動揺したのは、若き日に蓄電された「ビックリハウス」の影響が、まだ体に残っていたからである。

大判の雑誌判型により単行本化された本書のデザインは横尾忠則。戦前の「少年倶楽部」みたいな乗りのデザインで、タイトルはわざわざ横組で右から読むアナクロさ。誌面構成も同じく、横見出しは右から組み、総ルビをつけるなど、全体に戦前の匂いがする。それがかえって新しかった。

「キモチワルイものとは何か？」

「オイシイものとは何か？」

「スケベなものとは何か？」

……など十項目のテーマに対し、読者が投稿する。

「オイシイ」のは「新宿の『いのやま』のお好焼」と、「サンスターこどもハミガキの、バナナ味」と書いたのは、東京都国立市の三浦純くん。これ、のちの「みうらじゅん」だ。ナンシー関、大槻ケンヂなどと同じく、みうらじゅんも「ビックリハウス」出身の子どもたちのひとりだ。

中央線べったりだったみうらじゅんが、糸井重里のアドバイスで大好きだった高円寺を出ていく。「そうしないと仕事ないよ」と言われて原宿に事務所を構えたとインタビューで答えている。そのころ、糸井重里がテクノカットだったので、みうらは髪型まで真似て長髪を切った。「散切り頭で文明開化の音させてましたよ、僕」と『中央線　カルチャー魔境の歩き方』（メディアファクトリー）のインタビューの発言にある。『ヘンタイよいこ新聞』の執筆者に、坂本龍一、高橋幸宏、細野晴臣の名前を発見！八〇年代が、糸井重里の時代であったとともに、また「ＹＭＯ」の時代だったことをうかがわせる。「テクノカット」と言えばなんだかトレンディだが、要するに横分けの刈り上げだから、これも戦前のサラリーマンの髪型に近い。

要するに、新しく見せようと思ったら、およそ半世紀前のものを復活させればいい。今なら一九六〇年ごろのものだ。マラソンでは裸足で走り（アベベ）、腕には人形をまきつけ（ダッコちゃん）、デモ行進（安保闘争）をする、あるいはジーパンをはいてツイストを踊り、松本清張を読み坂本九を歌うのが、おそらくここ数年、仕掛けるべきトレンディであろう。

過激の雑誌たち
「ＰｏｃｋｅｔパンチＯｈ！」

古本屋のご主人は、なんとなく怖いというイメージがありますね。じっさいに不心得な客を叱《しか》る店もある。それは、店にある本すべてが、身銭を切って仕入れた返品不可能な商品だからだ。客の手に渡るまでは、これみな主人の蔵書といってもいい。本を乱暴に扱う者は客ではなく「敵」なのだ。叱られて当然だろう。

私も、古本屋へ通い始めた中学生の頃、大人向けの本に手を出して、「コドモがそんなん見たらあかん！」と店番のおばさんに叱られた経験がある。十代中頃にはまだ早かった本とは「ＰｏｃｋｅｔパンチＯｈ！」。いわば「平凡パンチ」の兄貴版で、一九六八年、ビジネスマン向けに創刊された。ヌードグラビアと下半身情報が満載。ペーパーバック仕様で、背広のポケットに入るというのがミソだ。

古漬けのたくあんみたいに古本色に染まった中年期、ふたたび古本屋で再会して手に取った時は感激した。「おお、これこれ」。値段は八百円から千円ぐらい。仲のいい古本屋さんに聞くと、いまけっこう人気があるのだという。「それも二十代、三十代の女性が買っていく」とのこと。

たしかに中を開くと、当然ながら六〇年代末から七〇年代情報が満載で、イラストやファッションを含めて、七〇年代カルチャーの教科書として読める。ヌードグラビアさえ、四十年を経て、若い人から見れば浮世絵を眺めるような感覚なのだろう。古い雑誌にそういう使い道があることを、私は若い女性客から教えられた。

考えてみたら、私が青春期を送った七〇年代は、雑誌が元気な時代だった。「ぴあ」が創刊され、おふざけパロディ誌の「ビックリハウス」があり、南伸坊編集長時代の「ガロ」が面白主義を打ち出し、「GORO」で篠山紀信が激写し、若者文化をカタログで情報化する「POPEYE」が創刊されたのも七六年。

編集者もデザイナーも写真家もライターも大いに遊び、その遊び気分をそのまま雑誌に反映させたから迫力が違う。だから、いまでもこの時代の雑誌は、古本屋で人気がある。それも、その時代に生まれていなかった若者が買っていくのだ。

いま、老舗《しにせ》雑誌が次々と休刊の憂き目に遭い、代わって無料の雑誌が台頭してきた。だが、無料の雑誌を古本屋が引き取るだろうか。三十年、四十年後の若者がそこから学ぶってことがあるだろうか。

最初の情報誌
「プレイガイドジャーナル」

一九七一年創刊の雑誌の話。しかもすでに廃刊になっている。関西エリアの情報を発信していた雑誌なので、その存在を知らない読者もいると思われる。したがって知らない名前もバンバン出てくるはず。覚悟してください。

いま、映画、演劇、音楽の催し物に関する情報を手に入れるのはじつにたやすい。フリーペーパーを含む各種情報誌が多数出されているし、ネットで検索すれば画面からあふれ出すほど情報が向こうから飛び込んでくる。かつてはそうではなかったのである。

「ぴあ」「シティロード」「Lマガジン」「東京ウォーカー」など各種情報誌の先駆けとなったのがここで紹介する「プレイガイドジャーナル」(通称「プガジャ」)だ。この雑誌が創刊されるまでは、ライブハウスや小劇場、三本立ての名画座、自主公演など、サブカルチャーやマイナーな催し物は、新聞、雑誌などマスメディアにはなかなか紹介されなかった。いま、一緒に呼吸している同世代の若者の表現は黙殺されてきた。

そこで登場したのがこの雑誌。「自分たちで見たい映画、芝居、音楽、美術の情報誌をつくろう」と、まだ大学生だったスタッフが中心になって創刊した、いわばミニコミ誌だ。B6判サイズで百円。名画座では、これを出すと百円引いてくれるため、差し引きタダ同然。七〇年代から八〇年代にかけて大学生活を送った私にとって、毎月発行される「プガジャ」が、その一カ月の行動を決めるスケジュール表だった。

いま手元にあるのは昭和五十二年（一九七七）五月号。つい最近、神戸・元町にある品揃えも店主もユニークな古本屋「ちんき堂」で買った。七百円だった。「プガジャ」は情報誌だから、ほとんどが月が替われば処分され、あとに残されない。入手困難なのである。しかし、これほど懐かしい雑誌はない。その一カ月、いつも手元に置き、あるいはカバンに入れ、一緒に生活したからだ。私は、この十年くらい意識して古本屋の棚を探していたが、どうしても東京では見つからない。「ちんき堂」主人の戸川昌士さんによると、「たまに出ますよ。いつもは三百五十円ぐらいだけど、これは川崎ゆきおが表紙だから七百円」とのこと。川崎ゆきおは大阪を舞台にしたマンガ「猟奇王」の作者で、同名の最初の作品集はプレイガイドジャーナル社から出ている。

いしいひさいちが四コママンガで鮮烈なデビューを飾り、まだ広告会社にいた中島らもが、かねてつ（現・カネテツデリカフーズ）のマンガ広告を毎回載せて注目されたのも「プガジャ」、八一年から編集長を務めたのが、現在マンガ評論家の村上知彦と、この雑誌が輩出した才能を書き出すと、それだけでページが埋まってしまう。村上さんとは、「ちんき堂」からほど近い女性店主の古本屋「トンカ書店」でバッタリ会い、あいさつさせてもらった。私が発した第一声は「『プガジャ』漬けの大学生活を送っていました」……だった。

プレイガイドジャーナル社は、演劇、音楽、映画の製作協力、あるいは主催者となって、七〇年代関西のカルチャームーブメントの火付け役も兼ねていた。入手した七七年の「プガジャ」のあちこちを開くと、その高校生の弁当箱みたいにぎゅうぎゅう情報を詰め込んだ誌面から、若い表現者たちの熱気が伝わってくる気がするのだ。

大阪・周防町のライブハウス「ゴーストタウン」には、この月、クリエイション、憂歌団、センチメンタル・シティ・ロマンス、桑名正博、大塚まさじが出演している。いますぐ飛んでいきたい。無理だけど。値段はたった百円だったが、その百円の青春はけっこう熱かった。

まるで友部の歌みたい
友部正人『生活が好きになった』晶文社　昭和六十一年

あんまり新しい本は取り上げまいと思っていたが、一九八六年といえばすでに二十年以上がたつ。まだ年号は昭和で、パソコンも携帯電話も普及していなかった。平成生まれの人にとっては、じゅうぶん昔と感じるだろう。

そこで、この友部正人のエッセイ集だ。友部正人は一九五〇年生まれのフォーク歌手。東京生まれだが、北海道、岐阜、名古屋と転々と移り住み、高校卒業後、名古屋の路上でギター一本抱えて歌い始めた。ボブ・ディランの影響で、歌う曲も歌い方も最初はディランそっくりだった。七二年「大阪へやって来た」というLPレコードでデビュー。以来、今でもギターを抱えて日本中を巡り、歌い続けている。

これといったヒット曲があるわけでもなく、派手なパフォーマンスや、大きな話題になる仕事をしたわけでもない。それでも、歌を好きな人なら友部正人の名前はみんな知っているし、全国にファンがいて、独自に友部のライブを企画しては自分の住む町に呼んで歌ってもらっているのだ。

友部の歌はなんといっても歌詞がいい。メロディーに乗せなくて、そのまま読んでもいい詩がいっぱいある。それが証拠に、『おっとせいは中央線に乗って』『名前のない商店街』など、歌詩を集めた詩集が出されているぐらいだ。長く引用するとお金を取られちゃうから、少しだけ。例えば「あ、中央線よ　空を飛んであの娘の胸に突き刺され」（「一本道」）なんて詩は、当時大阪に住んでた僕の胸に「突き刺さ」って、本当にその後上京して、中央線沿線に住みついてしまった。

『生活が好きになった』という本には、友部が八〇年代前半にあちこちの雑誌に発表したエッセイが収録されている。僕は中央線沿線の古本屋の本棚でこれを見つけ、友部にこんなエッセイ集が出ていたのか、と驚いて買ったのだ。値段は定価の半額くらい。古本屋は本を探すだけでなく、本が向こうから飛び込んでくるサプライズな場所でもあるのだ。

本書の中身は、ギターを抱えての旅暮らし、そこで逢った人々、懐かしい友達との再会、読んだ本のこと、子どもと近所をお散歩等々、じつにいろんな話が出てくる。しかし、友部はどこへ行っても、誰と逢っても、何が起こっても、感情を昂《たか》ぶらせたりせず、前からそこに座っていたようにものごとを受け止める。風がさっと通り過ぎていくみたいに。ちょうど、友部の歌がそうであるように。

「ピッチャーがとっくに投げたはずのボールが、キャッチャーのミットにはまだ届かない」と書き出される「桜の咲かぬまに」は、野球の話ではない。四月の公園、咲かない桜の木の下で、時を過ごす人々の表情をそう表現しているのだ。どうです、まるで友部の歌みたいでしょう。また「独身のころのこと、友人の奥さんがやたらと素敵に思えて、その友人に会うたびにそう話すと、『ほしければやるよ』といわれたものである」と、ドキッとするようなことも書いてある。こういうことをさらっと書けてしまって、嫌みにならないのもこの人らしい。

ぼくはこの本を地下鉄で読み始め、別の日に地下鉄で読み終わった。それもなんだか、友部の歌みたいだと思った。どうか、ちくま文庫に収録してください。

あとがき

本書は、「月刊教員養成セミナー」二〇〇五年九月号から始まった連載「よろず古書店」と、一部、〇六年に「日本経済新聞」に連載された「消えた本あの時代」がもとになっている。前者の連載は足掛け五年続いた。毎回、買った古本を一冊取り上げ、自由気ままに読みどころ、おもしろさを四百字詰原稿用紙約三枚にまとめた。考えてみれば、読者は教員志望の受験生に限られている。ひどく場違いな内容の原稿なわけで、よく編集部が何も言わずに書かせてくれたものだと思う。

一冊にまとめるにあたり、最初は連載の原稿に少し書き足せばいいと甘く考えていたが、千二百字では、言いたいことがほんのさわり程度で終わってしまっているケースもある。そこで、調べなおして書き足していったら、今度はどんどん長くなっていった。あわてて、ばっさり冗長な部分を削ったりもした。思わぬ奮闘が続いた。

連載がすべて生かされたわけではなく、書下ろしの原稿もけっこうあるから、両連載を読んでいた方々にもフレッシュな印象を与えられるはずだと自負している。

そんなテーマも時間軸もバラバラな原稿を編集者の青木真次さんに手渡して、テーマ別に章立てし直してもらったのが本書である。ゲラを読みながら、ずいぶん多種多様な本について触れているなあ、と我ながら感心した。とくに「科学」に関する本が散見できるのは意外だ。なにしろ、私はガチガチの「文系」人間で、「理系」の分野では電池の＋と－が区別できる程度。宗旨違いの分野の本を取り上げたのも、「古本」力のなせる業だ。『星と宇宙とプラネタリウム解説』なんて、まさしくそんな一冊。

日本映画について、あちこちで触れているのも、「古本」とともに、日本の古い映画にも「昭和」という時代性が色濃く刻印されているからだ。映画の出来不出来と関係なく、ただ古い日本がそこに映っているというだけで、私にはごちそうだ。「昭和」の風景や生み出された本たちがとても愛おしい。

日本映画の記述に関しては、いちいち触れていなくても、川本三郎さんの著作に大きな影響を受けている。

言い訳めくが、自分のふだんの関心とは違う分野のことも、あれこれ勝手に書いてしまったのは、古本の力につられてのことで、専門家から見れば無定見や間違いなどがあるかもしれない。虫のいい話だが、どうか、大目に見ていただきたい。

目ざすは、家庭に眠っている本のなかにも、今の目から読みなおせば、また新しいおもしろさが発見できるかもしれないという勧めだ。「昭和」のことを知らない若い世代の人にも、前代の魅力が伝われば幸いである。そんなこともあって、引用文は新字新カナに統一させてもらった。

岡崎武志

五年後の文庫版あとがき

筑摩書房から『ご家庭にあった本』（副題が「古本で見る昭和の生活」）が出たのはもう五年前か。今回、ちくま文庫に入れてもらえることになって、正題と副題をひっくり返した。この方が落ち着きがいい気がする。私は読者として、ちくま文庫のファンでもあるから、こうしてまた一冊、お仲間に加えてもらってとてもうれしい。

久しぶりに自著を読み返してみたが、五年前がとても遠くに感じられる。ところどころ記述が、五年前の時制になっていて、いまと合わないところがあり、少しだけ手を入れた。大リーグで活躍中の日本人選手として「松井、イチロー、松坂」なんて名前が挙がっているが、ここなど、五年以上に古く感じられる。そう考えると、イチローの現役は驚異的だと思ったり、著者自身も感慨があるのだ。

そうして判ったことは、五年前のことはすぐ古びるが、五十年前や六十年前に出た本は、時間のサイクルが遠過ぎて、かえって書かれていることは古びない。古びないどころか、ときに、現在にはないこととして新しくも感じられる。古本を読む面白さは、そんなところにもある。古本が背負った社会背景や風俗の研究は、その後もずっと続いている。飽きることのない、発見の多い「勉強」は楽しい。

その「勉強」法の一端が、本書には記されているはずで、古本を買い、読む時の参考にしていただければ幸甚である。いままた、近く元号が変わる予定になっているが、そうなれば「昭和」はますます遠くなる。しかし、「昭和」に出た本は、古書店や古書市でやすやすと手に入る。買って手中に収めた時、「昭和」は近く、温もりさえ感じられるはずだ。

私は「平成」に変わって以来、ずっと違和感を感じ続けていて、やっぱり自分が生まれ育った時代が懐かしい。「昭和」に殉じて、あとは余生を力弱く生きて行く。

二〇一七年秋

岡崎武志

解説　家庭に本のあった時代

出久根達郎

昭和は「帽子」の時代であった、と本書にある。

誰もが、帽子をかむっていた。それは昭和三十年代前半ぐらいまで続いていた。

私が上京したのは昭和三十四年春だが、東京の下町には、けっこう帽子屋さんが店を張っていた。テーラーも、何軒かあった。下町の人は、ダンディーであった。いつのまにか、帽子専門の店は姿を消していた。

私は古書店の店員であったが、本を払いたいから来てくれと呼ばれて伺うと、本らしきものは申しわけ程度の量で商売にならず、それならこれを買ってくれないか、とたくさんの男物帽子を出されたことがあった。

並大抵の数ではない。おそらく帽子道楽の人だったのだろう。どれも使用したソフト帽で、重ねた形で大きな茶箱に納められていたが、古本屋に持ちかけるくらいだから、質屋や古着商で断られたのに違いない。帽子の時代ではなくなっていたのだ。

売りぬしは鉢が小さい人で、私にはサイズが合わない。好きなのを一つ足代がわりにくれるということだったが、使えないものをいただいてもしょうがない。

それに、そう言っては何だが、帽子というものは、一つや二つ目にしてもどうということはないけれど、何十個と同じ形の山に接すると、いささか不気味である。洋服が何十着並んでいても何という感じもしないが、ソフト帽は意志があって、言葉をしゃべるような気がする。私は早々に退散した。

帽子の時代、という語彙から、昔の、ひょんなことを思いだした。

岡崎さんは、帽子をかぶる習慣を失うと共に、人はきれいな挨拶の型もなくした、と重要な指摘をしている。帽子は挨拶の小道具だったのである。

帽子を用いなくなったから挨拶がおろそかになったのでなく、礼を失ったから帽子が必要でなくなった、と言えるかも知れない。

それにしても、岡崎さん紹介の帽子カタログによれば、昔の帽子（男性用のみ）の種類は四十一種という。

いやはや、大変な品種である。当然、ひとつひとつに名称があるわけだ。現代人には（帽子を愛用する人をのぞいて）、どれだけ正確に名前を言えるだろう（そういえば、とんがり帽子というのもあった）。

実体がなくなれば、名称も消える。しかし、文書には記録されている。後世の人が、たとえばソフト帽やとんがり帽子の形を知ろうとすれば、古本で帽子カタログを探さねばならぬ。古本のありがたさを思い知るのは、こんな時であろう。

同時に、こんな古本があるのですよ、と親切に教えてくれる岡崎さんの古書紹介が(つまり本書のような本が)、貴重かつ、無くてはならぬ必備品なのである。

何が貴重といって、重要でない内容の本の案内だからである。古書業者は、「雑本」と称している。まともな研究者は、決して取り上げない類の本である。彼らは一級資料のみをあがめる。雑本はいかがわしい、と決めつけ、端《はな》から相手にしない。

まじめ一辺倒の研究書は、読んで面白くない。内容は立派だが、無味である。面白さとは、いかがわしさなのだ。

心ある学者は、岡崎さんの古書ガイドを、もっと活用すべきである。岡崎さんは、そ知らぬ振りして、研究のヒントを語っている。こんな本が、こういう研究に有効ですよ、と教えている。

たとえば、昭和三十年代の風俗風物を、手っ取り早く調べるには、岩波写真文庫が最適、と勧める。この写真文庫は、当時の生活のにおいまで記録している、と岡崎さんは解説する。貴重な写真集が古本屋で一冊せいぜい百円か二百円なのである。

昭和三十四年頃までに、二百八十六点ほどが発行された。今でも古本屋の店頭で、簡単に探せる。しかし、集めるなら今のうちだろう。必ずや、どうしても入手できぬ巻が出てくるはず。これが古本探しの面白さである。

そして目当ての巻が、とんでもない高い値で売られているのを目のあたりにする。それにはそれなりの理由があることは、本書のフランソワーズ・サガン著『一年ののち』が、いい例である。

岡崎さんも推奨しているが、今のうちに是非集めておいていただきたいのは、昭和三、四十年代に各社から刊行された、『世界文学全集』『日本文学全集』である。これは現在、一冊百円、二百円で入手できる。どこの版元のものでもよい。試しに購入して読んでみれば、文学全集のよさが、ストレートに伝わってくる。

思えば、『世界』『日本』の両文学全集は、「ご家庭にあった本」の代表であった（これと百科事典）。「ご家庭にあって読まれなかった本」の代表と言い直してよい。装飾品の役しか果たさなかった、と言われるけれど、私は立派に日本の文化に貢献していた、と思う。

朝夕、何度か書棚に目が行ったはずだ。すると無意識のうちに、書名を読んでいる。長い間に、書名や人名が脳裡に焼きつけられる。全集は読んでいなくとも、世界名作のタイトルや作家の名は、おのずと覚え、人との会話などに生かされたのではないか。

文化は、勉強ではない。環境のもたらす雰囲気である。雑談で文学が話題に上がっただけでも、教養を感じさせた。

昭和は、文学全集の時代だった、と言えるかも知れない。「円本」と称された一冊一円の日本文学全集が、ベストセラーになったのが昭和の幕開きだった。全集企画の終焉と共に、昭和は終わった。家庭から全集どころか、本そのものが消えたのである。

本書は二〇一二年三月、小社より『ご家庭にあった本
古本で見る昭和の生活』の書名で刊行されました。

ちくま文庫

古本《ふるほん》で見《み》る昭和《しょうわ》の生活《せいかつ》　ご家庭《かてい》にあった本《ほん》

二〇一七年十二月十日　第一刷発行

著　者　岡崎武志（おかざき・たけし）
発行者　山野浩一
発行所　株式会社　筑摩書房
東京都台東区蔵前二―五―三　〒一一一―八七五五
振替〇〇一六〇―八―四一二三

装幀者　安野光雅
印刷所　三松堂印刷株式会社
製本所　三松堂印刷株式会社

乱丁・落丁本の場合は、左記宛にご送付下さい。
送料小社負担でお取り替えいたします。
ご注文・お問い合わせも左記へお願いします。
筑摩書房サービスセンター
埼玉県さいたま市北区櫛引町二―六〇四　〒三三一―八五〇七
電話番号　〇四八―六五一―〇〇五三

ISBN978-4-480-43485-2　C0100